LICHTGLANZ AUS DER HÖHE

D1726927

22. Beiheft zu den
STUDIA PATRISTICA ET LITURGICA

herausgegeben vom
Liturgiewissenschaftlichen Institut Regensburg
in Verbindung mit dem Zentrum patristischer Spiritualität
KOINONIA ORIENS
im Erzbistum Köln
und der Vereinigung SYNAXIS e. V.

KLAUS GAMBER – CHRISTA SCHAFFER

LICHTGLANZ AUS DER HÖHE

Begegnungen mit der überirdischen Welt

KOMMISSIONSVERLAG FRIEDRICH PUSTET
REGENSBURG

Gedruckt mit Unterstützung
von Frau Prof. Anna Karg, Ingolstadt

»Die Seele, die gewürdigt wurde, teilzunehmen an dem Geiste des Lichts selbst, der sie zu seinem Thron und zu seiner Wohnstätte macht, und die durchleuchtet ist von der Schönheit seiner unaussprechlichen Herrlichkeit, diese Seele wird ganz und gar Licht, ganz Antlitz, ganz Auge ... nichts ist mehr finster an ihr ... Und wie die Sonne auf allen Seiten gleich ist ..., so wird auch die Seele, die von der unaussprechlichen Lichtherrlichkeit des Antlitzes Christi durchleuchtet und vollkommen des Heiligen Geistes teilhaftig ist, ... ganz Herrlichkeit, ganz Geist.«

(Makarius, 1. Homilie)

Vorwort

Primäre Aufgabe der Kirche ist es, den Menschen ein »Reich« zu verkünden, das »nicht von dieser Welt ist« (Joh 18,36). Dabei gerät die Frage, was nach dem Tod sein wird, notwendigerweise in den Vordergrund.

Nicht zuletzt deshalb ist jedes soziale Engagement, so gut es gemeint sein mag, zum Scheitern verurteilt, wenn es sich in rein diesseitigen Kategorien bewegt. Der Traum vom Paradies auf Erden wird immer Utopie bleiben, wenn es auch unsere Pflicht ist, mit all unsern Kräften menschenwürdige Zustände zu schaffen. Diese unsere Aufgabe kann jedoch allein aus der Gotteserfahrung bewältigt werden.

Im folgenden wird von der Nähe Gottes gesprochen, wie sie vor allem im liturgischen Vollzug erlebt werden kann. Daran fügt sich das Zeugnis von Menschen – Atheisten und Christen – an, die einer persönlichen Gottesbegegnung gewürdigt wurden, die den »Lichtglanz aus der Höhe«, ähnlich wie die Apostel auf dem Berge Tabor (vgl. Mt 17,2), gnadenhaft erfahren haben.

Im weiteren Teil geht es um die »letzten Dinge« eines jeden Menschen, um den Übergang aus dieser Zeitlichkeit in ein anderes Leben, um Fragen der Lebensverantwortung und des Gerichts, um die Art der notwendigen Läuterung, aber auch um die Möglichkeit des Menschen, sich noch im Sterben – vor dem Angesicht Christi – sowohl zum Guten als auch zum Bösen zu wenden: die letzte und folgenschwerste Entscheidung, die der mit einem freien Willen ausgestattete Mensch treffen kann.

Am Fest der Verklärung Christi 1988

Klaus Gamber – Christa Schaffer

Inhalt

Himmel und Erde berühren sich

Wir schauen nicht auf das Sichtbare,
sondern auf das Unsichtbare.
Denn das Sichtbare ist zeitlich,
das Unsichtbare aber ewig.

(2 Kor 4,18)

Im Alten Testament lesen wir von Jakob, der vor seinem Bruder Esau, den er um das Recht der Erstgeburt betrogen hatte, nach Mesopotamien flieht. Es heißt, »er kam an einen Ort, wo er nach Sonnenuntergang ruhen wollte. Er nahm einen von den Steinen, die da lagen, und legte ihn unter sein Haupt und schlief an dem Ort. Und er sah im Traum eine Leiter; die stand auf der Erde und berührte mit ihrer Spitze den Himmel. Und die Engel Gottes stiegen auf ihr auf und nieder. Und der Herr stand (oben) auf der Leiter und sprach zu ihm: Ich bin der Herr, der Gott Abrahams, deines Vaters, und der Gott Isaaks. Das Land, auf dem du schläfst, will ich dir und deinen Nachkommen geben ... Und da Jakob vom Traum erwacht war, sprach er: Wahrhaftig, der Herr ist da, und ich wußte es nicht! Und er erschrak und sprach: Wie furchtbar ist dieser Ort! Hier ist nichts anderes denn das Haus Gottes und die Pforte des Himmels« (Gen 28,11–17).

Das Erlebnis des Jakob – man sollte nicht zu sehr bei dem Wort Traum verweilen – liegt auf einer Ebene außerhalb des realen menschlichen Bewußtseins. Etwas Erschreckendes verändert das Weltbild des Jakob. Der Himmel berührt die Erde, ausgedrückt im Bild der Leiter als Verbindung von hier nach dort. Unfaßbares geschieht: der Gott seiner Väter spricht zu ihm. Das Furchtbare der Nähe Gottes, das Tremendum, erschüttert Jakob bis in die Grundfesten seines Wesens. Gleichzeitig begreift er, daß Gott schon vorher da war und immer da ist, er ihn aber nicht wahrgenommen hat.

Es gehört zum Schicksal des Menschen, Gott normalerweise nicht schauen zu können. Gott drängt sich nicht auf, er will gesucht werden. Gerade in unserer Zeit ist die Erfahrung der Gottferne weitaus bekannter als die Gottesbegegnung. Ja viele kokettieren geradezu mit dem Wort von der Abwesenheit Gottes. Man empfindet einen so unendlichen Abstand zwischen Gott und Mensch, der ein Eingreifen des Schöpfers ins Weltgeschehen kaum glaublich erscheinen läßt. Und dennoch gibt es immer wieder Menschen, die sich von Gott angerührt fühlen und deren Erfahrung mit dem Pauluswort übereinstimmt, daß wir »in (Gott) leben, in ihm uns bewegen und sind« (Apg 17,28).

Die erste Begegnung zwischen Gott und Mensch wird oft unter dem Zeichen des Kusses gesehen. Gott hauchte Adam wie in einem Kusse die Seele ein, »und also ward der Mensch zum lebenden

Wesen« (Gen 2,7) und zugleich zum Ebenbild Gottes (vgl. Gen 1,26). Im Augenblick des Todes aber, wenn der Mensch seine Seele an Gott zurückgibt, ist dies, wie die Legende vom Tod des Moses will, ein Kuß des »Engels der Herrn«, als Einladung ins ewige Leben (vgl. E. Wiesel, Adam oder das Geheimnis des Anfangs, 1980, S. 200f.). Ähnlich heißt es in einem Sterbegebet des jüdischen Gebetbuchs »Sefer Hachajim«: »Nun ist der Augenblick gekommen, in dem ich meine Seele, die du mir gegeben, dir wieder zurückgeben soll. Nimm du selbst sie von mir, daß sie, vom Kusse reiner Liebe berührt, heiter dahinscheide.«

1.
Die Nähe Gottes zur Schöpfung

Die Nähe des Menschen, ja der ganzen Schöpfung zu Gott, findet ihren tiefsten Ausdruck in der Menschwerdung Christi. In ihm ist »die Güte und Menschenfreundlichkeit unseres Gottes und Erlösers erschienen« (Tit 1,4). Gott, »das Wort« (Joh 1,1) der »Logos Gottes« (Apk 19,13) hat unsere schwache Natur angenommen. »Gott wird Mensch«, wie Irenäus von Lyon (gest. um 200) sagt, »damit der Mensch Gott werde«. In der Person Christi sind Gott und Mensch aufs Innigste und Liebevollste miteinander verbunden – ein Geheimnis, dessen Tiefe wir niemals ausloten können.

Im Johannes-Evangelium findet sich eine Stelle, die an die Jakobs-Geschichte anknüpft. Zu Nathanael, der sich darüber wunderte, daß Jesus ihn in seinem Innersten erkannt hatte, sagte der Herr: »Wenn du glaubst, dann wirst du noch Größeres als dies eben erfahren«. Und zu den Aposteln gewandt: »Wahrlich, wahrlich, ich sage euch: Von nun an werdet ihr den Himmel offen und die Engel Gottes auf- und niedersteigen sehen über dem Menschensohn« (Joh 1,50f.).

Das Erahnen einer Leiter oder einer Brücke von der Erde nach Oben, das Wissen um eine Verbindung zwischen dieser Welt und jener Welt, zwischen Gott und Mensch, findet sich bereits in den Urreligionen. So wenn hier ein aufgestellter hoher Holzpfahl oder eine Steinsäule diese Verbindung herstellen, zum mindesten symbolisieren soll.

Durch eine derartige »Weltsäule« (arx mundi), die in der Erde ruht, den Himmel trägt und zugleich den Weg zur Welt der Götter öffnet, werden, wie Mircea Eliade (Das Heilige und das Profane S. 34) darlegt, die drei kosmischen Ebenen – Erde, Himmel und Unterwelt – in Verbindung gesetzt. Ein bekanntes Beispiel ist die Irmensul der Sachsen, die König Karl 772 zerstören ließ.

Die Weltsäule kann wie im Traum des Jakob auch eine Leiter sein, aber auch ein anderer hervorragender Punkt im Gelände – etwa ein Berg oder ein Baum. Rund um diesen Punkt erstreckt sich »unsere Welt«, womit zugleich gesagt ist, daß er sich »in der Mitte« befindet und damit den »Nabel der Erde« bildet.

Dasselbe gilt in besonderem Maße auch für den Pfahl des Kreuzes, »an dem das Heil der Welt gehangen« (Karfreitagsliturgie), ein Holzstamm, der, wie es in der Legende heißt, aus dem Holz des Lebensbaumes, der inmitten des Paradieses steht (vgl. Gen 2,9) gebildet ist.

Gott und Mensch sind sich stets nahe; manchmal begegnen sie sich sogar sichtbar, oder vielmehr erfahrbar, wie im Traum des Jakob. Hinsichtlich dieser Tatsache schreibt Frithjof Schuon in Herder-INITIATIVE 67 (Im Bannkreis des Heiligen, S. 95):

»Der Unterschied zwischen der Predigt über Gott und dem Ihn kundgebenden Wunder ist im Grunde derjenigenige zwischen Wort und Sache oder zwischen der abstrakten Lehre und ihrem konkreten Inhalt. Durch das Wunder spricht Gott: Hier bin ich; während die Predigt sich darauf beschränkt, zu versichern, daß Gott ist. Es ist in der Tat nicht möglich, daß Gott, der einerseits abwesend ist und andererseits erkannt werden will und muß, sich niemals gegenwärtig zeigt – wenigstens auf eine Weise, die sein Wesen zuläßt und das die Welt zu ertragen vermag.«

Die scharfe Trennung zwischen Oben und Unten, zwischen Himmel und Erde, wie sie im Bewußtsein des modernen Menschen vorherrscht, ist in dieser Erscheinungsweise letztlich ein Produkt der Aufklärung. Wahrscheinlich liegen aber die Wurzeln noch tiefer, nämlich ganz allgemein im abendländischen Denken, wie es sich in der mittelalterlichen Scholastik kundtut, die den Versuch unternimmt, die göttlichen und himmlischen Mysterien rational zu ergründen und darzulegen. Dagegen meint Gregor von Nyssa (gest. 394): »Die Begriffe schaffen Idole, allein das Staunen erfaßt etwas« (Blersch, S. 193).

Zum Glauben kommt der Mensch nicht durch logische Überlegungen; »erst der auch akausal Denkende sieht mit beiden Augen, so daß er eine Ahnung bekommt vom Zusammenhang, vom Sinn des Ganzen ... Man muß zunächst einmal sehen lernen« (T. u. G. Sartory, Meditation S. 23 u. 26); denn »der Herr ist da«, nur wissen wir es oft nicht.

Während die Kirchenväter, jene erleuchteten Männer der frühen Kirche, deren Geist noch heute in der östlichen Christenheit ungebrochen fortwirkt, die Einheit von irdischer und himmlischer Welt betonen, unterscheidet die Scholastik streng zwischen »Natur« und »Übernatur«, zwischen »natürlichen« und »übernatürlichen« Geschehnissen, obwohl es eine genaue Grenze hier nicht geben kann. Im Einzelfall wird meist niemand in der Lage sein zu beurteilen, wo es sich um ein Wunder handelt und wo nicht; sind wir doch wegen unserer stark eingeschränkten Wahrnehmung unfähig, alle Zusammenhänge und Hintergründe zu erkennen, was für eine Wertung unbedingt notwendig wäre. Aber darum geht es letztlich gar nicht, denn – kommt nicht alles von Gott?

Die orthodoxe Kirche des Ostens, die von der Scholastik kaum berührt wurde, sieht vor allem das verbindende Element in der Schöpfung, wie es durch die Menschwerdung des Sohnes Gottes grundgelegt ist, indem nun der ganze Kosmos, »alles im Himmel und alles auf Erden«, wie Paulus sagt (Eph 1,10), in Christus als Haupt »zusammengefaßt ist«.

»Wir Menschen von heute«, meint der russische Starez Serafim von Sarow (gest. 1833), »sind fast alle innerlich in Kälte erstorben ... und haben nicht mehr acht auf die Wirkung seiner göttlichen Erscheinung und auf unsere Gemeinschaft mit Gott ... Deshalb erscheinen uns jetzt die Worte der Heiligen Schrift sonderbar, daß nämlich Gott den Menschen erschienen sei ... Wie ist es möglich, daß die Menschen mit ihren Augen Gott sehen können? Aber hier ist nichts Unverständliches. Die Unverständlichkeit kommt daher, daß wir uns von der ganzen Weite des urchristlichen Schauens entfernt haben und durch unsere angebliche Aufklärung in ein solches Dunkel der Unwissenheit geraten sind, sodaß uns heute unbegreiflich ist, was die Alten noch so klar verstanden haben ... Gott und die Gnade des Heiligen Geistes haben die Menschen nicht im Traum und nicht im Wahn krankhafter Verzückung gesehen, sondern wahrhaftig und wirklich« (Smolitsch, S. 210).

Für Rupert von Deutz (gest. 1128) ist die Existenz einer jenseitigen Wirklichkeit noch realer als die diesseitige Welt. Dies deckt sich mit den Aussagen aller echten Mystiker, aber auch mit denen von Menschen unserer Zeit, die einen Zustand der Überbewußtheit erlebt haben. (Wir werden darauf noch näher eingehen). Rupert von Deutz äußert sich zu diesem Phänomen in seiner Schrift »Die Dreifaltigkeit und ihre Werke« (42. Buch 1,9) wie folgt:

»Wir Menschen sind im Irdischen verfangen und nehmen die sinnenhaften Dinge in erster Linie vordergründig in uns auf und darum erscheinen sie uns als die eigentliche volle Wirklichkeit und die himmlischen Dinge daneben nur als Bilder. Es trifft aber das Gegenteil zu: *Das Himmlische ist die Realität und das Irdische ein Abbild davon.*«

Und dennoch – für viele »bleiben diese Zusammenhänge zwischen Diesseits und Jenseits, zwischen gegenwärtigem Augenblick und Ewigkeit, zwischen Erde und Himmel, meistens unsichtbar. So unsichtbar, daß für sie das einheitliche Ganze immer wieder in zwei voneinander getrennte Hälften zerfällt« (Sartory, Meditation S. 128).

2.
»So wie droben ist es auf der Erde ...«

Das kommende, das jenseitige Leben erwächst, wie Nikolaos Kabasilas (gest. 1363) in seiner Schrift »Vom Leben in Christus« schreibt, »im gegenwärtigen Leben und nimmt von daher seinen Anfang. Vollendet aber wird es im kommenden ... Es wird aber den Seelen nur dann in seinem vollendeten Zustand verliehen, wenn es hier auf Erden seinen Anfang genommen hat ... Die der kommende Äon ohne die Kräfte und Sinne antrifft, die zu jenem Leben erforderlich sind, denen kann nichts mehr zur Seligkeit verhelfen ... Der Logos, das Licht geht dann zwar auf, die Sonne spendet ihren reinen Strahl, aber ein Auge kann dann nicht mehr gebildet werden. Der köstliche Wohlgeruch des (Heiligen) Geistes entströmt und erfüllt das All. Doch wer dann noch keinen Geruchssinn hat, der empfängt auch keinen mehr ... *Das gegenwärtige Leben ist die Werkstatt für all dies.* Und wer diese Dinge nicht schon vor seinem Hinscheiden besitzt, der wird keinen Anteil an jenem Leben haben« (v. Ivánka, S. 15).

Mit Bestürzung entnehmen wir diesem Text den Auftrag und die Mahnung, schon hier auf Erden die Sinne zu entwickeln, die uns befähigen, dereinst all die jenseitigen Dinge zu erfassen. Dies kann nur möglich sein, wenn die himmlische Welt nicht eine völlig andere ist, als die uns bekannte irdische, in der wir leben; wenn vielmehr das, was wir als Himmel bezeichnen, das Urbild unseres Lebensraumes in einer anderen ewig gültigen Seinsweise darstellt. »Was oben ist, ist wie unten, und was unten ist, ist wie oben, um das Wunder der Einheit zu vollenden«, heißt es in der Tabula Smaragdina des Hermes Trismegistos.

Ein weiteres Zeugnis analogen Denkens findet sich in der »Himmelfahrt des Jesaia«, einer jüdischen apokryphen Schrift (7,10). Dort heißt es: »So wie droben, ist es auf der Erde; denn das Abbild dessen, was am Firmament ist, befindet sich hier auf Erden.«

Aber nicht nur Statisches hat seine Entsprechung in jener anderen Welt; auch die Bewegung des Weltenlaufs, also das heilsgeschichtliche Geschehen (denn die ganze Menschheitsgeschichte ist letztlich Heilsgeschichte), erstreckt sich über beide Daseinsebenen. So stellt der Tod Christi am Kreuz nicht nur ein Geschehen hier auf Erden dar; er wurde zugleich im Himmel vollzogen. Origenes vertritt diesen auf den ersten Blick kühnen Gedanken in seiner Erklärung des Buches Leviticus (1,3) ganz klar, wenn er sagt, »daß das Blut Christi nicht nur in Jerusalem vergossen wurde, wo der Altar stand und seine Stufen und das Bundeszelt, sondern daß dieses selbe Blut auch den oberen Altar, wo die ›Kirche der Erstgeborenen‹ (Hebr 12,33) ist, besprengte, wie der Apostel sagt: Er versöhnte durch das Blut seines Kreuzes sowohl was auf Erden ist als auch im Himmel (Kol. 1,20).«

Das Opfer des Gottmenschen, das die unvollkommenen blutigen Tempelopfer abgelöst hat, vereint und umschließt also Himmel und Erde. In der irdischen Welt ein historischer Akt, ist es zugleich ein ewiger Akt vor Gott, in dessen Gegenwart kein Zeitbegriff existiert. Daher kann Petrus in seinem 1. Brief (1,29) im Hinblick auf die Opferlämmer im Tempel zu Jerusalem von Christus als dem wahren Lamm sprechen, »das geschlachtet ist seit Anbeginn der Welt.«

Der in diesem Zusammenhang naheliegende Gedanke, daß die irdische Liturgie ebenfalls in Bezug steht zur himmlischen Liturgie – näherhin deren Abbild darstellt – gehört in der östlichen Christenheit bis heute zum lebendig gebliebenen Überlieferungsschatz. Im Abendland ist das Wissen um diese Analogie nahezu ganz in Vergessenheit geraten. Theodor von Mopsuestia (gest. 428) versucht dieses Geheimnis so zu formulieren:

»(Das Opfer, das wir darbringen) ist eine Art Abbild der himmlischen Liturgie ... Jedesmal also, wenn wir den Dienst dieses schauererregenden Opfers begehen, der offenkundig ein Gleichnis himmlischer Wirklichkeiten ist ..., müssen wir uns vergegenwärtigen, daß wir gleichsam im Himmel sind. Der Glaube entwirft uns die geistige Schau der himmlischen Wirklichkeiten, und wir erkennen, daß Christus im Himmel, er der für uns starb, auferstand und zum Himmel aufstieg, sich noch jetzt unter diesen Gestalten opfert« (Kat. XV 15,20).

Johannes Chrysostomus (gest. 407), der in der selben Tradition steht, kann daher seinen Gläubigen zurufen:

»O Wunder! Der mystische Tisch ist bereitet, das Lamm Gottes wird für dich geopfert, der Priester tritt für dich ein, die Cherubim eilen herbei, die sechsflügeligen Geister verhüllen ihr Angesicht. Alle körperlosen Mächte bitten mit dem Priester für dich« (hom. 9 de poen.).

Die Vorstellung der Einheit zwischen himmlischem und irdischem Gottesdienst beherrscht auch die Apokalypse, jenes geheimnisvolle letzte Buch des Neuen Testaments, das vom Kampf der bösen Mächte gegen Christus und seine Getreuen und vom Endsieg des Königreichs Christi handelt. Wenn hier die Liturgie im Himmel beschrieben wird (u. a. 4,2–11; 7,9–12), dürfte aufgrund des Prinzips der Abbildlichkeit der Gottesdienst in den Gemeinden als Vorlage gedient haben.

Ein besonders eindrucksvolles Bild der Apokalypse bietet sich in der Gestalt des Engels dar, der vor dem goldenen Altar im Himmel steht (8,3), in der Hand ein goldenes Rauchfaß hält und die Gebete der Gläubigen unten auf der Erde vor das Angesicht Gottes bringt. So wird auch unser irdisches Opfer bei der Feier der Eucharistie erst dann vor Gott vollgültig, wenn es, wie es im römischen Meßkanon heißt, »durch die Hand eines Engels auf den himmlischen Altar getragen« wird.

Hans Urs von Balthasar sieht deshalb im Anschluß an Maximus Confessor (gest. 662) im gottesdienstlichen Geschehen »die sakra-

mentale Ordnung als die wirksame Repräsentation der transzenden-
ten, himmlischen und universellen *kosmischen Liturgie«* verwirk-
licht ... Ja der ganze Vorgang des kultischen Dramas ist eine Darstellung des Eschatologischen und unmittelbar durchsichtig ins Künf-
tige« (Kosmische Liturgie, Freiburg 1941, S. 325 f.).

3.
Kosmische Liturgie

Was nun die Begegnung mit Gott, mit der oberen Welt betrifft, so gilt
für die meisten von uns, »die wir Menschen sind und diesen unsensi-
blen Körper an uns tragen«, was Johannes von Damaskus (gest.

749)
schreibt: »Es ist unmöglich, die göttlichen, hohen und nicht materiel-
len Energien der Gottheit zu verstehen oder davon zu reden, wenn
wir nicht Bilder, Formen und Symbole gebrauchen« (De fide
orth.I,11).

Der Gebrauch dieser Bilder, Formen und Symbole geschah zu
allen Zeiten im Drama des Kultes, der zumeist Opfer und anschlie-
ßendes Opfermahl umfaßte. Vor allem beim Mahl wußte man die
Gottheit als Teilnehmer anwesend. Aus diesem Grund warnt Paulus
vor der Teilnahme an heidnischen Opfern: »Was die Heiden opfern,
das opfern sie den Dämonen und nicht Gott. Ich will nicht, daß ihr
Gemeinschaft habt mit den Dämonen« (1 Kor 10,20).

Der Versuch, durch besondere vom Alltag abgehobene rituelle
Vollzüge eine Begegnung mit der Gottheit herbeizuführen, erfordert
vor allem anderen einen besonders ausgewählten Ort – das Heiligs-
tum. Im Psalm 62,3 wird ausgedrückt, was der Mensch erhofft, wenn
er sich dorthin aufmacht: »Ich will vor dir im Heiligtum erscheinen,
um deine Kraft und Herrlichkeit zu schauen.« Und der syrische
Dichter Baläus (gest. um 460) meint: »Auf daß man (den Herrn) auf
Erden finden könne, baute er sich ein Haus unter den Sterblichen und
errichtete Altäre ..., damit die Kirche an ihnen das Leben erhalte.
Niemand täusche sich, hier weilt der König. In seinen Tempel laßt
uns gehen, *um ihn zu schauen«* (BKV Syrische Dichter S. 64).

Was heute für viele ein Ärgernis darstellt, war für die Menschen
vergangener Zeiten etwas durchaus Natürliches, ja geradezu Not-

wendiges: prunkvoll ausgestattete Tempel und Kirchen sollten etwas von dem widerspiegeln, was sich im Kult ereignet. Denn, wie Papst Gregor der Große meint (gest. 604):»Wer von den Gläubigen könnte daran zweifeln, daß bei jenem Mysterium Jesu Christi die Chöre der Engel zugegen sind, daß das Höchste sich mit dem Niedrigsten verbindet, daß Irdisches und Himmlisches sich vereint, daß Sichtbares und Unsichtbares eins werden« (Dial. IV,58).

Obwohl sie selbst oftmals in armseligen Hütten hausten, haben Menschen über die Jahrhunderte hinweg durch persönliche Opfer dazu beigetragen, den Ort der Begegnung von Himmel und Erde würdig zu gestalten. Dabei spielte es keine Rolle, daß für die Mehrheit diese Pracht im persönlichen Bereich unerreichbar war; galt sie doch als sinnfälliger Ausdruck für das, was man am heiligen Ort erhoffte und auch erlebte – das Herabsteigen des Himmels zur Erde, das Schauen der »Macht und Herrlichkeit Gottes«.

In diesem Sinn schreibt Johannes Chrysostomus in seinem Büchlein »Über das Priestertum« (VI,4):»Zu dieser Zeit (während des Gottesdienstes) umringen Engel den Priester; das ganze Heiligtum und der Raum um den Altar ist angefüllt mit himmlischen Heerscharen, dem zu Ehren, der auf dem Altar liegt.« Und er fügt hinzu, ein Greis, ein vertrauenswürdiger Mann, der öfters Erscheinungen hatte, habe berichtet, er sei eines derartigen Gesichts gewürdigt worden. »Er habe nämlich in jenem Augenblick plötzlich, soweit es ihm überhaupt möglich war, eine Menge Engel erblickt, eingehüllt in glänzende Gewänder, rings um den Altar sich bis zum Boden verneigend, wie man Soldaten dastehen sehen kann in Gegenwart des Königs.«

Eine ähnliche Vision ist vom russischen Heiligen Sergej von Radonesch (gest. 1392) überliefert. Wie wir seiner Lebensbeschreibung entnehmen können, sah einmal einer seiner Mönche, der bei der Meßfeier des Heiligen zugegen war, »einen höchst sonderbaren Mann mit seltsamem und unbeschreiblichem Aussehen. Er sah ihn umgeben von großem Licht, mit leuchtendem Antlitz und in einem strahlenden Gewand. Dieser einem Engel ähnliche, wunderbare Mann ging beim Großen Einzug (Prozession mit den Opfergaben) hinter dem Heiligen, und sein Angesicht leuchtete wie die Sonne, sodaß man nicht hinsehen konnte.«

Ein Zeugnis aus dem westlichen Kulturkreis findet sich in der

Schrift »Scivias« der heiligen Hildegard von Bingen (gest. 1179). Dort lesen wir:

»Da sah ich, als nun ein Priester, mit den heiligen Gewändern bekleidet, zur Feier der göttlichen Mysterien an den Altar trat, wie plötzlich heller Lichtglanz vom Himmel kam. Engel folgten ihm, und das Licht umflutete den Altar. Nachdem der Priester ... den Lobpreis des allmächtigen Gottes ›Sanctus, sanctus, sanctus, Dominus Deus Sabaoth‹ gesungen, begann das unaussprechliche Mysterium. In diesem Augenblick öffnete sich der Himmel. Ein feuriges Blitzen von unbeschreiblich lichter Klarheit fiel auf die Opfergaben nieder und durchströmte sie ganz mit seiner Herrlichkeit, wie die Sonne den Gegenstand, den sie bestrahlt mit ihrem Lichte durchdringt. Und der blitzende Schein trug die Opfergabe in unsichtbare Höhen bis in das Innerste des Himmels empor und ließ sie wieder auf den Altar nieder, ähnlich wie ein Mensch beim Atmen die Luft einzieht und sie wieder aushaucht« (II,6).

Die Göttliche Liturgie ist gefeiertes Mysterium, »ein Mysteriendrama, das die trennende Schranke zwischen Erde und Himmel, zwischen sichtbarer und unsichtbarer Welt überwindet« (Sartory). Durch sie werden wir schon jetzt in die Herrlichkeit einbezogen, die Christus beim Vater hat, eine Herrlichkeit, die uns einst in der ganzen Fülle zuteil werden wird und von der Paulus sagt: »Wir alle werden die Herrlichkeit des Herrn mit unverhülltem Angesicht widerspiegelnd, in das gleiche Bild umgewandelt von Herrlichkeit zu Herrlichkeit durch den Geist des Herrn« (2 Kor 3,18).

Noch ist es nicht so weit. Solange wir auf Erden weilen, sind unsere Augen noch gehalten, ist die Liturgie ein verschleiertes Mysterium, »ein Geheimnis, das man nicht begreifen, nur schauen kann, das sich nicht lüften läßt, sondern nur erahnen« (Sartory), gemäß dem Wort des hl. Paulus: »Wir schauen jetzt nur wie in einem Spiegel rätselhaft; dann aber von Angesicht zu Angesicht« (1 Kor 13,12) – vorausgesetzt natürlich, daß wir die Sinne für die jenseitige Welt während unseres irdischen Lebens entwickelt haben.

Um etwas von dem auszudrücken, was nicht auszudrücken ist, sind wir in dieser Welt auf Kultsymbole angewiesen. So wird all das, was das Einwohnen göttlicher Energien in der Seele bewirkt, durch zeichenhaftes Tun ausgedrückt – beispielsweise das dreimalige Untertauchen bei der Taufe, die Salbung bei der Firmung, das Essen und

Trinken bei der Feier der Eucharistie. Es handelt sich dabei um »Typen und Symbole der künftigen Güter«, wie Theodor von Mopsuestia in seiner 15. Katechese sagt (XV,18).

Aber wir werden nicht ausschließlich auf etwas hingewiesen, was in der Zukunft liegt, denn nach der Lehre der Kirchenväter erschließt sich der Sinn der Mysterien, vor allem der Sakramente, dem der sie mitvollzieht. Dann sind sie keine bloßen Zeichen mehr, sondern gleichsam eine Leiter, die eine Begegnung zwischen Himmel und Erde ermöglicht – real, wenn auch unsichtbar.

4.
Vom göttlichen Lichtglanz berührt

Möglicherweise ist es für viele enttäuschend, sich den »Lichtglanz aus der Höhe«, das Hereinbrechen der jenseitigen Welt, hinter Symbolen und Riten verdeckt vorzustellen. Was sich im Unsichtbaren ereignet und nicht unmittelbar mit den leiblichen Sinnen erfaßt werden kann, hat für den einer ständigen Reizüberflutung ausgesetzten Menschen unserer Zeit kaum mehr Bedeutung. Aber andererseits – sollte man nicht eher dankbar sein, wenn sich die Macht des Göttlichen *nicht* direkt mitteilt? Wer könnte schon die unmittelbare Begegnung mit dem Schöpfer ertragen?

Dennoch gibt es sie – die Begegnung mit dem Göttlichen – und es gibt sie auch in unserer Zeit. Dabei setzt so ein Erlebnis oftmals keine besondere Vorbereitung voraus. Es kann beim völlig Ungläubigen als Erweckung zum Glauben auftreten, oder es kann den Menschen, wie Paulus vor Damaskus (vgl. Apg 9,3; Gal 1,15f.), tauglich machen für eine besonders schwere Aufgabe. Immer aber hat es eine totale Umstellung aller Werte und des Lebens selbst zur Folge. Wer jemals spürbar vom Göttlichen berührt wurde, ist hinterher nicht mehr der selbe Mensch wie vorher. Das geht aus zahlreichen Zeugnissen hervor, von denen wir einige hier wiedergeben werden.

Der russische Adelige Nikolaj Motowilow berichtet in seinen Aufzeichnungen über den heiligen Seraphim von Sarow (gest. 1833) von einem Geschehnis, das man in seiner Außerordentlichkeit eindeutig als das Wirken einer anderen Seinsdimension erkennen kann. Motowilow befindet sich eines Tages – wie so oft – im Gespräch mit dem Heiligen. Schon beinahe verbohrt geht der Adlige einem Problem nach und besteht mit Hartnäckigkeit auf der Beantwortung der Frage, wie er erkennen könne, daß er im Heiligen Geiste sei. Seraphim hatte ihm dies im Laufe des Gesprächs immer wieder erklärt und versichert. »Ich möchte es ganz genau verstehen« beharrt Motowilow. Und dann berichtet er, was ihm widerfährt:

»Da faßte mich der Vater Seraphim fest an den Schultern und sagte eindringlich: ›Wir beide, Väterchen, sind jetzt im Heiligen Geiste! – Warum siehst du mich nicht an?‹ Ich antwortete: ›Ich kann Euch nicht anblicken, Vater, aus Euern Augen leuchten Blitze, Euer Gesicht ist heller als die Sonne geworden, und meine Augen brennen vor Schmerz!‹ ›Habt keine Furcht!‹ sagte der Vater Seraphim, ›Ihr selbst seid jetzt leuchtend geworden wie ich. Nun seid Ihr selber in der Fülle des Heiligen Geistes, sonst könntet Ihr mich so nicht schauen!‹«

Nachdem Motowilow wiederholt aufgefordert worden ist, dem Heiligen in die Augen zu schauen, wagt er es schließlich und er erzählt: »... ein großer ehrfürchtiger Schauer überkam mich. Stellen Sie sich vor: Mitten in einer Sonne, wie im hellsten Glanze der Mittagsstrahlen, das Antlitz des mit ihnen sprechenden Menschen. Sie gewahren die Bewegung seiner Lippen, den wechselnden Ausdruck seiner Augen, sie hören seine Stimme, sie fühlen, daß jemand mit seinen Händen ihre Schultern hält ... sie sehen ... einzig nur den blendenden Schein, der von ihm ausgeht, sich rings um ihn verbreitet und mit seinem hellen Glanz den Schnee auf der kleinen Lichtung beleuchtet und die herabfallenden Schneeflocken, die den großen Starez und mich überschütten ... Unmöglich läßt sich der Zustand beschreiben, in dem ich mich in diesem Augenblick befand.«

Auf die Frage des Vater Seraphim, wie er sich fühle, antwortet er: »Ungewöhnlich gut!« »Wie denn gut? Was meint Ihr damit?« besteht der Heilige auf genauerer Auskunft. »Ich fühle eine solche Stille und einen Frieden in meiner Seele, wie ich es mit keinem Wort ausdrükken kann!« erwidert Motowilow, für den mit diesem Erlebnis alles Ringen und Fragen ein Ende hat, denn mit Makarius von Ägypten kann er sagen: »Ich war selbst in der Fülle des Heiligen Geistes« (Smolitsch’, Leben u. Lehre d. Starzen S. 213–217).

Alle Schilderungen solch außergewöhnlicher Zustände, wo der »Lichtglanz aus der Höhe« deutlich erfahren wurde, mögen sie letztlich in ihrer Art noch so unterschiedlich sein – jeweils angepaßt an die Fassenskraft und den inneren Zustand des Empfängers –, weisen doch einige Gemeinsamkeiten auf. Übereinstimmend berichten jene, denen so etwas widerfahren ist, sie könnten das Erlebte nicht in Worte fassen. Die irdischen Begriffe reichen einfach nicht aus, das, was sich vom Alltäglichen in jeder nur denkbaren Weise abhebt, adäquat wiederzugeben. Ebenso wird von vielen bestätigt, daß ihnen in einem – oft kurzen – Augenblick alle Geheimnisse und Zusammenhänge der Schöpfung offenbart wurden, sie an einer Art Allwissen teilnahmen.

Darüberhinaus wird dieser Zustand der »Überbewußtheit« stets als die stärkere Realität empfunden. Das irdische Dasein erscheint im Gegensatz dazu blaß oder wie verschleiert, fast unwirklich. Schließlich bewirkt diese Durchbruchserfahrung, wie bereits erwähnt, eine geänderte Einstellung gegenüber dem Leben, man könnte auch sagen: es kommt zu einer Bekehrung. Die Argumente derjenigen, die solche Geschehnisse als Wahnvorstellungen abqualifizieren, wären allein durch den letzten Punkt hinreichend zu entkräften, ist doch kein Fall bekannt, in dem ein an Halluzinationen Leidender, wie etwa ein Rauschgiftsüchtiger, die Kraft gefunden hätte, sein Leben auf Grund seiner Rauscherlebnisse grundlegend positiv zu ändern.

Daß die Berührung mit einer anderen Wirklichkeit nicht das Produkt krankhaft überreizter Nerven ist, zeigt der Bericht von W. v. Kügelgen (gest. 1867), der im Alter von 13 Jahren folgendes erlebte: »... Mein Vater, der auf einige Tage zur Stadt gegangen war, wurde in der Frühe eines Sonntagmorgens zurückerwartet. Ihm entgegen zu gehen, machte ich mich auf den Weg ... Ich atmete mit vollen Zügen die balsamische Luft der Kiefern, erfreute mich am Gesang der Vögel und ließ es mir sehr wohl sein in meiner jungen Seele. Daß ein Junge am freien Sonntagmorgen gedankenlos im Heidekraut oder sonst wo auf dem Rücken liegt, diese interessante Situation ... würde mir übrigens gewiß nicht im Gedächtnis geblieben sein, wenn sie nicht einem der höchsten Genüsse zum Rahmen gedient hätte, die mir je zuteil geworden.

Mein inhaltloses Träumen ging nämlich allgemach in einen ganz außergewöhnlichen Zustand über, den ich etwa dem des Hellsehens vergleichen möchte. Es war, als würde irgendwo ein Schleier abgezogen, und mein Blick begann das Innere der Gegenstände zu durchdringen, die mich umgaben. Der blaue Himmel über mir mit seinen Sommerwölkchen, die Bäume, Büsche, Gräser, die Vögel in den Zweigen, die kleinen Käfer, Ameisen und Spinnen am Boden, ja die anscheinend toten, an der Chaussee angehäuften Steine, das alles erschien mir in einem neuen, bis dahin nicht geahnten Werte. Die ganze Natur war durchsichtig geworden, sie hatte die Maske abgeworfen. Alles Dunkle, Tote, Materielle war verschwunden, und die Dinge offenbarten ihren ewigen Gehalt, als lebendiges Licht und Leben, und zwar als ganz dasselbe Licht und Leben, das auch in mir war; es war ein und dasselbe Bewußtsein, ein und dieselbe Substanz in mir und ihnen. Ein und dasselbe geistige Band verknüpfte mich mit ihnen, und sie mit mir, nichts Feindliches, nichts Fremdes mehr in der ganzen weiten Schöpfung.

Mein Herz erglühte, und ich empfand etwas von dem Entzücken eines Menschen, der in fremden, ihm liebgewordenen Gestalten plötzlich seine leiblichen Geschwister erkennt. Was Adam fühlen mochte, als er ausrief: ›Das ist Fleisch von meinem Fleisch und Bein von meinem Bein‹ – ähnliches, nur auf ein höheres Gebiet übertragen, empfand auch ich jetzt. Ich hätte die ganze Natur an mein Herz drücken mögen und verlebte Momente höchsten Entzückens, das kein Wort aussprechen und keine Feder beschreiben kann, bis ich durch das Erscheinen meines Vaters auf dem Wege gewissermaßen geweckt wurde, und die alte Decke mir wieder auf die Augen fiel« (Wiesenhütter, Blick nach drüben S. 43–45).

Das obige Beispiel hat keine eindeutig christliche Prägung. Ja, man kann sich vorstellen, daß Ähnliches auch einem Angehörigen einer anderen Religion widerfährt, genauso einem Ungläubigen. So schildert auch Augustinus (354–430) eine ähnliche Vision, deren er gewürdigt wurde, noch ehe er Christ geworden war. Obwohl Augustinus das Erlebte in religiöse Begriffe kleidet, scheint es doch der Erfahrung des dreizehnjährigen Knaben sehr eng verwandt und von dem »Heiden« Augustinus ganz ähnlich erlebt worden zu sein.

In den »Bekenntnissen« (7.17) schreibt er: »Und so gelangte ich zuletzt bis an das, was ist, gelangte dorthin in dem blitzenden Moment eines zitternden Erblickens. Ja, da schaute ich ›dein Unschaubares in der Mitte der Schöpfungsdinge‹.« An anderer Stelle heißt es: »Es öffnet sich im höheren Teil der Seele ein Tor, durch das keine geschaffene Macht, wohl aber der göttliche Urquell des Lichtes und der Liebe einstrahlt. In der Berührung dieses göttlichen Lichts vollzieht sich die von verborgener Sehnsucht getragene Gotteserkenntnis des Menschen: sie ist ein Vorgang mystischer Art« (Augustinus, Bekenntnisse zitiert nach Landscheidt, S. 53).

Daß sogenannte »mystische« Erlebnisse weder mit dem Lebensalter, noch mit der Religionszugehörigkeit, aber auch nicht vom Bildungsgrad abhängen, beweist die Aussage des schlesischen Schusters und Mystikers Jakob Böhme (1575–1624). In seinem Werk »Aurora« beschreibt er sein inneres Erlebnis folgendermaßen: »Es war wie eine geheimnisvolle Geburt mitten im Tode. Es war wie eine Auferstehung von den Toten. Die Augen des Geistes waren aufgetan, und ich sah Gott in wunderbarem Lichte. Das innerste Wesen aller Dinge war erleuchtet. Von da an konnte ich Gott in allem erkennen, was da ist, in den Tieren, in den Pflanzen und Gräsern. Ich verstand, was Gott ist und wie er ist.«

Ein Erlebnisbericht aus dem 19. Jahrhundert, der des kanadischen Psychiaters Richard M. Bucke ist besonders eindrucksvoll, da der Verfasser über die aus beruflicher Erfahrung gewonnene Fähigkeit verfügt, das erlebte Phänomen genauestens zu beobachten und zu schildern. Bucke prägte für das, was ihm auf einer mitternächtlichen Fahrt mit dem Pferdegespann geschehen war, den Begriff »kosmisches Bewußtsein«. Es fällt uns vor allem die Unvermitteltheit auf, mit der die Vision eintritt. Ohne Übergang verdrängt sie das Wachbewußtsein und erzeugt eine gänzlich neue Empfindung der gesamten Wirklichkeit, noch ehe Bucke sich darüber im klaren ist, daß er einen Zustand der Überbewußtheit erlebt. Er berichtet:

»Plötzlich, ohne die geringste Warnung, sah ich mich in eine flammendfarbige Wolke gehüllt. Einen Augenblick glaubte ich, es brenne irgendwo in der Nähe, in der Stadt. Dann wußte ich, das Feuer war in mir selbst. Es überkam mich ein Gefühl der Freude, die gepaart war mit einer inneren Erleuchtung, die nicht zu beschreiben ist. Ich glaubte nicht nur, sondern sah buchstäblich, daß die Welt nicht aus toter Materie zusammengesetzt ist, sondern sich als lebendige Wirklichkeit darstellt. Ein tiefes Gefühl ergriff mich, daß ich am ewigen Leben teilhatte. Ich sah, daß alle Menschen unsterblich sind; daß im Kosmos alles mit allem zusammenwirkt; daß der fundamentale Urgrund das ist, was wir Liebe nennen. Diese Vision währte nur ein paar Sekunden, aber die Erinnerung daran und die Gewißheit der

Realität dessen, was sie vermittelte, ist mir über das Vierteljahrhundert hinweg geblieben, das seitdem verstrichen ist. Ich wußte im tiefsten Innern: was diese Vision enthüllte, war wahr« (Landscheidt, Kinder des Lichts S. 68).

Nichtrationale Erfahrungen, von Nichttheologen aufgezeichnet, werden in ihrer Glaubwürdigkeit nach aller Regel höher eingeschätzt als ebensolche Erlebnisse von theologisch Geschulten. Den Berichten der Letztgenannten wird oftmals ein gewisses Wunschdenken theologischer Reflexion unterstellt. Gänzlich frei von jeder Art phantasievoller Manipulation erscheint neben der Aussage von R. M. Bucke auch das Zeugnis der Jüdin Simone Weil. Diese Frau mit ihrem messerscharfen Verstand, der eine fast schmerzhafte Nüchternheit innewohnte, neigte ganz gewiß nicht zum Mystizismus oder leichtgläubigem Okkultismus. Sie hatte alle Tiefen des Menschseins durchschritten, hatte den Atheismus mit Einsatz ihrer ganzen Persönlichkeit gelebt, bis sie sich schließlich dem Christentum näherte.

Während Simone Weil die Karwoche in einem Benediktinerkloster verbringt, widerfährt ihr etwas, das sie später mit den Worten umschreibt:»Christus selbst ist herniedergestiegen und hat mich ergriffen.« Walter Nigg schreibt in seinem Buch der Büßer: »In dieser Stunde wurde Simone Weil durch ein visionäres Christus-Erlebnis überwältigt, das sich in ihrem Dasein wie ein Erdbeben auswirkte. Unmittelbar sah sie, wie Christus in ihr Zimmer trat und sagte: Komm mit mir, und ich will dich Dinge lehren, von denen du keine Ahnung hast. Am geheimnisvollen Eingehen Christi in ihre Seele war ihre Einbildungskraft gar nicht beteiligt, war es doch eine Begegnung mit der Christus-Wirklichkeit, die von ihrer Person Besitz genommen hatte; nicht anders, als sie den großen Visionären der christlichen Vergangenheit zuteil geworden war. Das alles spielte sich in einer höchst realen, nicht in einer imaginären Atmosphäre ab« (S. 228).

Die Wirkung einer solchen Erfahrung, die dem Alltäglichen und Selbstverständlichen total entgegengesetzt ist, die jede begriffliche Kenntnis übersteigt, wird von Nigg im Bild des Erdbebens sehr anschaulich ausgedrückt. Kein Mensch, dem solches geschieht, ist imstande, sein Leben in der gewohnten Weise fortzusetzen; niemand wird so etwas austilgen, vergessen können. Und so schreibt auch der Pariser Journalist André Frossard schließlich erst 35 Jahre später über das Ereignis, das eine dramatische Kehrtwende in seinem Leben zur Folge hatte. Als geradezu schockierend bezeichnet er sein Durchbruchserlebnis, das ihn als zwanzigjährigen linksradikalen Journalisten trifft. Auf der Suche nach einem Freund betritt er eine Kirche, die er wenige Minuten später als völlig veränderter Mensch wieder verläßt. In seinem Buch »Gott existiert. Ich bin ihm begegnet« schreibt er: »Mein Blick wandert vom Dunkel zum Licht, kehrt zu den anwesenden Menschen zurück, ohne irgendeinen Gedanken mitzubringen, ... und bleibt dann, ich weiß nicht warum, an der zweiten Kerze haften, die links vom Kreuz brennt, nicht an der ersten, nicht an der dritten, sondern an der zweiten. In diesem Augenblick bricht jäh eine Welle von Wundern los ... Wie soll ich es schildern mit diesen abgegriffenen Worten, die mir den Dienst versagen und mir die Gedanken abzuschneiden drohen, um sie in die Welt der Einbildungen zu verweisen? Der Maler, dem es gegeben wäre, unbekannte Farben zu erschauen, womit sollte er sie malen. Es ist ein unzerstörbarer Kristall, von einer unendlichen Durchsichtigkeit, einer beinahe unerträglichen Helle (ein Grad mehr würde mich vernichten), einem eher blauen Licht, eine Welt, eine andere Welt von einem Glanz und einer Dichte, daß unsere Welt vor ihr zu den verwehenden Schatten der nicht ausgeträumten Träume zurücksinkt.

Es ist die Wirklichkeit, es ist die Wahrheit, ich sehe es vom dunklen Strand aus, wo ich noch festgehalten bin. Es ist eine Ordnung in diesem Universum, und an ihrer Spitze, jenseits dieses funkelnden Nebelschleiers, ist die Evidenz Gottes, die Evidenz, die Gegenwart ist, die Evidenz, die Person ist, die Person dessen, den ich vor einer Sekunde noch geleugnet habe, den die Christen unseren Vater nennen. Ihr überwältigender Einbruch ist begleitet von einer Freude, die nichts anderes ist als der Jubel des vom Tod Erretteten ... Gott war Wirklichkeit, ja er war sogar hier, offenbar und verhüllt zugleich durch dieses von ihm gesandte Licht, das ohne Worte und ohne Bilder alles verstehen ließ, ja nicht nur verstehen, sondern lieben ...« (S. 135 ff.).

Auch Frossard hat Schwierigkeiten, das Erlebte, das sämtliche Denk- und Gefühlsmuster durchbricht, in Worte zu fassen. Gedrängt von dem Bedürfnis, seine Erfahrung mitzuteilen, ringt er mit den Formulierungen, versucht er das zu umschreiben, was sich in der

Armut der flachen Alltagssprache einfach nicht ausdrücken läßt. Er schreibt:»Alle diese Empfindungen, die ich in die ohnmächtige Sprache der Gedanken und Bilder zu übertragen mich mühe, sind gleichzeitig, sind eine in der anderen eingeschlossen, und nach Jahren noch werde ich ihren Gehalt nicht ausgeschöpft haben« (S. 138). Die Veränderung, die Frossard an sich feststellt, vergleicht er mit einer Neugeburt. Im Augenblick, als er die Kirche verläßt, begreift er sich als »ein zur Taufe bereites Kind«. Durch die Erschütterung war in seinem Inneren kein Stein mehr auf dem anderen geblieben. Er schreibt:»Meine Gefühle, meine innere Welt, meine Gedankengebäude, in denen ich mich schon häuslich eingerichtet hatte, waren nicht mehr da, selbst meine Gewohnheiten waren verschwunden, mein Geschmack verwandelt.«

Wie eine Neugeburt empfand auch der um die Jahrhundertwende lebende Starez Siluan vom Berge Athos seine Vision. In der von Archimandrit Sophronius verfaßten Biographie wird berichtet, daß ihm als jungem Novizen »in der Kirche des heiligen Propheten Elias, rechts von der ›Königstür‹, dort, wo sich die Ikone des Heilands befindet, der lebendige Christus erschienen war. Sein ganzes Wesen, sein ganzer Leib wurde erfüllt von dem Feuer der Gnade des Heiligen Geistes, dem Feuer, das der Herr mit seinem Kommen auf die Erde gebracht hat.« Auf unfaßliche Weise fühlte er sich von göttlichem Licht umfangen, aus dieser Welt heraus- und emporgehoben zum Himmel, wo er unaussprechliche Worte hörte und das Empfinden hatte, in diesem Augenblick gleichsam von oben her neu geboren zu werden (vgl. Archimandrit Sophronius, Starez Siluan Bd. 1 S. 24).

Wenig beachtet sind die Traumgesichte, die der oben erwähnte Rupert von Deutz hatte und worüber er in seiner Autobiographie ausführlich berichtet. Rupert hatte Bedenken sich zum Priester weihen zu lassen, bis er folgendes erlebte:

»Ich stand vor dem Altar und sah auf diesem in der Mitte das Kreuz des Herrn ...; da erkannte ich Jesus, den Herrn, selbst dort ans Kreuz geheftet und lebendig, mit mir zugewandten offenen Augen ... Ich wollte ihn mit den Händen ergreifen, ihn umfassen und küssen. Aber was sollte ich tun? Der Altar war zu hoch, als daß ich ihn erreichen konnte. Durch seine (Christi) Willensregung tat sich der Altar auf und nahm mich, der ich in ihn hineinlief, auf. Als ich so eilends

eingetreten war, ergriff ich ihn (Christus) ... umarmte und küßte
ihn.«

Als Rupert dieses Gesicht immer wieder bei sich bedachte, erkannte er, daß das Sich-Auftun des Altars den Sinn hatte, »die Tiefen
der Mysterien (Christi) künftig heller zu erblicken« und ließ sich bald
danach zum Priester weihen.

Nach einer weiteren, ähnlichen Vision schreibt er über die Gefahr,
die mit so einem gnadenhaften Geschehen einhergeht: »Eine solche
Wonne im lebendigen Leibe verkostet zu haben, ist eine Lust ...
Aber es sei erlaubt zu sagen, daß wenn diese plötzliche Überflutung
heiliger Wonne sich nicht schnell gebändigt hätte, die Seele schnell
aus dem Leib mit sich wie in einem Sturzbach gerissen und fortgetra-
gen hätte« (Berschin, Os meum aperui S. 38–40).

Es ist bestürzend, in allen diesen Zeugnissen eine übereinstimmende
Grundstruktur zu erkennen – gleichgültig ob es einen Atheisten,
einen Ringenden, einen völlig Ahnungslosen und Uninteressierten
oder einen großen Beter betrifft. Dies kann zwar im wissenschaftli-
chen Sinne kein Echtheitsbeweis sein, erhöht aber die Glaubwürdigkeit solcher Berichte doch erheblich. Möglicherweise haben viel
mehr Menschen als man annimmt, solche Durchbruchserlebnisse
gehabt, schweigen aber aus Scham oder Wortlosigkeit. Beispielsweise
werden ähnliche lebenverändernde Geschehnisse auch von Reani-
mierten berichtet, die durch die moderne Intensivmedizin von der
Schwelle des Todes wieder ins Leben zurückgeholt wurden.

Es scheint, daß der moderne Mensch auf seltsame Weise wieder zu
Gott zurückgeführt wird. Aber – hat Gott nicht schon immer »sein
Volk heimgesucht« (Lk 1,78)? Das Wunder der Begegnung zwischen
Himmel und Erde zieht sich durch die gesamte Menschheitsgeschichte – manchmal gewaltig und dramatisch, manchmal liebevoll,
sanft und zärtlich. Immer wieder wird den Menschen, die sich
zeitweise in die irdische Wirklichkeit verbeißen und verrennen,
gezeigt, daß es eine andere Welt gibt, die alles Begreifen übersteigt.
Wer schon hier auf Erden einen Blick in diese andere Welt tun durfte,
wird sich André Frossard anschließen, der ausruft:

»Wie könnte man den Tag vergessen, an dem sich zwischen den
Mauern einer plötzlich vom Licht gespaltenen Kapelle die nie ge-
ahnte Liebe offenbart hat, kraft deren man liebt, kraft deren man

atmet, den Tag, an dem man erfahren hat, daß der Mensch nicht allein ist, daß eine unsichtbare Gegenwart ihn durchdringt, ihn umgibt und erwartet, daß jenseits der Sinne und der Phantasie eine andere Welt existiert, neben der diese materielle Welt, so schön sie auch ist, so eindringlich sie sich bemerkbar macht, nichts ist als vager Dunst und darin der ferne Widerschein der Schönheit, die sie geschaffen hat. – Denn es gibt eine andere Welt, ich spreche von ihr nicht aufgrund einer Hypothese, eines Vernunftschlusses oder vom Hörensagen. Ich spreche von ihr aus Erfahrung« (Frossard, Es gibt eine andere Welt S. 5).

Frühchristliche Jenseitsvorstellungen und die moderne Sterbeforschung

»Mit dem (eucharistischen) Opfer entsühnt der Priester alle Verstorbenen, denn es hat eine Kraft in sich, den Tod zu besiegen und seinen Sitz zu zerstören.

Beim Geruch des Lebens, der von dem erhabenen Opfer ausgeht, versammeln sich alle Seelen; sie eilen herbei, um entsühnt zu werden.

Und an der Auferstehung, die der Leib des Sohnes Gottes ausströmt, atmen die Verstorbenen Tag für Tag das Leben ein und werden dadurch gereinigt.«

(Der syrische Dichter Jakob von Batnä, BKV 3 12)

Wenn Jesus vom Reiche Gottes und von der jenseitigen Welt sprach, dann tat er dies stets in Gleichnissen, so auch in einem der bekanntesten und oft mißverstandenen Gleichnis vom armen Lazarus und dem reichen Prasser (Lk 16,20–31), das die christlichen Jenseitsvorstellungen entscheidend geprägt hat.

Während hier der Reiche alle irdischen Freuden genießt, muß der andere seine Tage in Mißachtung und Elend zubringen. »Es geschah aber, daß der Arme starb und von den Engeln in den Schoß Abrahams getragen wurde. Und es starb auch der Reiche und er wurde begraben. In der Unterwelt (Hades) erhob er seine Augen und er sah den Abraham von ferne und Lazarus in seinem Schoß« (16,22f.).

Im Gleichnis ist weiterhin davon die Rede, daß der Prasser sich in großen Qualen befindet und er durch die Vermittlung des Lazarus um Linderung bittet. Es wird ihm jedoch gesagt, daß zwischen beiden nun »eine große Kluft gesetzt sei, sodaß die, welche von hier nach dort hinübergehen wollen, dies nicht können« (16,26).

Als nun der Reiche bittet, man möge doch seine noch lebenden fünf Brüder durch Lazarus warnen lassen, damit diese nicht wie er an den »Ort der Qual« kommen, wird ihm erklärt: »Sie würden auch nicht glauben (und Buße tun), selbst wenn jemand von den Toten auferstünde« (16,27–31).

Es ist hier von zwei getrennten Bereichen die Rede, dem »Schoß Abrahams«, einem aus der rabbinischen Literatur bekannten symbolischen Ausdruck für den Ort, wo den Gerechten im Jenseits ihre Belohnung zuteil wird, und dem »Hades«, in dem sich in unserem Fall der ungerechte Reiche am »Ort der Qual« befindet.

Eine andere aus der jüdischen Vorstellung genommene Bezeichnung für den Ort, wo sich die Gerechten aufhalten, ist »Paradies«. So versprach Jesus sterbend dem rechten Schächer am Kreuz, der ihn gebeten hatte: »Herr, gedenke meiner, wenn du in dein Reich kommst«, daß er »noch heute mit ihm im Paradies sein werde« (Lk 23,42 f.).

»Paradies« bedeutet »Garten« und bezieht sich auf den biblischen »Garten Eden«, von dem im Buch Genesis (2,8–3,24) die Rede ist, mit dem »Baum des Lebens« und dem »Baum der Erkenntnis« (2,9). Letzterer diente zur Prüfung der Stammeltern, die von Gott in diesen Garten gesetzt worden waren.

Allem Anschein nach befand sich das Paradies auf dieser unserer

Erde; es existiert nach Aussage des Buches Genesis noch immer, und zwar in einer Weise, die dem ursprünglichen, verklärten Seinszustand des ganzen Kosmos entspricht, so wie er am Ende der Zeiten wieder offenbar werden wird (vgl. Apk 21,1). Laut biblischer Überlieferung waren die Menschen nach dem Willen Gottes für dieses Paradies bestimmt. Da sie jedoch die ihnen auferlegte Prüfung, deren Symbol der »Baum der Erkenntnis« ist, nicht bestanden, wurden sie zu einer weiteren Bewährung auf eine Erde »mit Dornen und Disteln« (Gen 3,18) verbannt, wo sie schließlich auch den Tod zu erleiden haben. Dennoch galt und gilt für alle Menschen die Verheißung, daß »wie in Adam alle sterben, in Christus auch alle (wieder) zum Leben kommen werden« (1 Kor 15,22).

Der Apostel Paulus erfuhr schon zu Lebzeiten eine Entrückung »ins Paradies«, wo er »geheime Worte hörte, die ein Mensch nicht aussprechen darf« (2 Kor 12,4); man möchte ergänzen, nicht aussprechen kann. In der Apokalypse wird dem Sieger versprochen, daß er essen werde »vom Baum des Lebens, der im Paradiese steht« (2,7), ein Bild für Erkenntnis und Lebensfülle, die dem erlösten Menschen zuteil werden wird.

Die jüdischen Vorstellungen vom »Schoß Abrahams« und vom »Paradies« wurden zusammen mit dem antiken Begriff »Hades« (Totenreich) von der frühen Christenheit übernommen. Dabei stellt der Hades den (vorläufigen) Aufenthaltsort aller Verstorbenen dar (vgl. Apg 2,31), eine Art »Gefängnis« (vgl. 1 Pt 3,19), während das Gefilde der Seligen, das »Elysium«, das in etwa dem jüdisch-christlichen Paradies entspricht, nach Auffassung der heidnischen Frühzeit außer den Göttern nur wenigen Irdischen offensteht (vgl. Kaufmann 3–38).

1.

»Auf den Wolken Christus entgegen ...«

Die heute von vielen gestellte Frage, in welchem Zustand die Verstorbenen in der anderen Welt weiterleben, stand in der Zeit der Urkirche noch im Hintergrund, da die Parusie (Wiederkunft) Christi zum Gericht bereits in naher Zukunft erwartet wurde. Man neigte dazu anzunehmen, daß die schon vorher selig im Herrn Dahingeschiedenen sich für diese kurze Zeit in einem Zustand des Schlafens befinden, aus dem sie bei der Parusie wieder auferweckt werden, um mitsamt ihrem nun verklärten Leib in die himmlische Glorie einzugehen.

In diesem Sinn schreibt Paulus: Wenn »der Herr beim Ertönen der Stimme des Erzengels und der Posaune Gottes vom Himmel herabsteigt«, dann »werden die Toten, die in Christus ruhen, zuerst auferstehen«, während die noch Lebenden »zugleich mit diesen auf den Wolken entrückt werden, durch die Luft Christus entgegen, um dann immerdar beim Herrn zu sein« (1 Thess 4,15 f.).

Der Gedanke, daß die Toten bis zur einstigen Auferstehung schlafen, lebt in den ältesten liturgischen Texten weiter. So betet der Priester im römischen Meß-Kanon für »die im Schlafe des Friedens Ruhenden« (qui dormiunt in somno pacis) und in einer Toten-Präfation (vgl. Gamber, Eine frühchristl. Totenmesse), heißt es von den Verstorbenen, daß die Trennung ihrer Seele vom Körper für sie »keinen Untergang bedeutet, sondern ein Schlafen« (non interitum esse voluisti sed somnum).

Unter »Schlafen« ist hier jedoch keineswegs Bewußtlosigkeit gemeint, kein »Ganztod«, wie moderne Theologen meinen, sondern ein Zustand der Ruhe und Erwartung in der Hoffnung auf die Auferstehung. Und um diese Ruhe, genauer: um das Ruhigwerden der nach dem Tod in einem Zwischenreich weilenden Seele, um ein Zurechtfinden in der für sie noch fremden Welt, bittet die Totenliturgie, wenn sie in einer ständig wiederholten Wendung für die Abgeschiedenen betet: »Requiem aeternam dona eis domine« (Ewige Ruhe schenke ihnen, o Herr) und zwar am »Ort der Erquickung, des Lichtes und des Friedens« (Meß-Kanon).

In der Totenliturgie der Kirchen des Ostens wird noch heute folgendes, sehr alte Gebet gesprochen – man fand es auch auf Grabsteinen in Nubien –, das einen ganz ähnlichen Gedanken wie der zitierte Meßkanon wiedergibt. Wegen seiner Schönheit wollen wir es ganz wiedergeben:

»O Gott der Geister und allen Fleisches, du hast den Tod zertreten, den Teufel zunichte gemacht und deiner Welt das Leben geschenkt: Laß, o Herr, auch die Seele deines entschlafenen Dieners ruhen am Ort des Lichtes, am Ort der Wonne, am Ort der Ruhe, wo es weder Schmerz noch Trauer noch Klage gibt. Verzeih ihm als der gütige und menschenliebende Gott all seine Sünden in Gedanken, Worten und

Werken; es gibt ja keinen lebenden Menschen, der nicht sündigt. *Du allein bist ohne Sünde; deine Gerechtigkeit ist Gerechtigkeit auf ewig, und dein Wort ist Wahrheit.* Denn du bist die Auferstehung, das Leben und die Ruhe deines entschlafenen Dieners, Christus, unser Gott, und dir senden wir Lobpreis empor, zusammen mit deinem ewigen Vater und deinem allheiligen, gütigen und lebenspendenden Geist jetzt und immerdar und von Ewigkeit zu Ewigkeit. Amen.«

Die Bitte um das Zur-Ruhe-Kommen der im Zwischenreich weilenden Seele kommt auch im folgenden, häufig wiederholten Lied des byzantinischen Toten-Gottesdienstes zum Ausdruck:

»Schenke Ruhe, o Christus, der Seele deines Dieners bei deinen Heiligen, dort wo es keine Qual, kein Leid und keine Klagen gibt, nur ein Leben ohne Ende« (Kirchhoff, Totenhymnen 204).

Bischof Ambrosius von Mailand betont, daß der Tod die Seele nicht der Lethargie eines Seelenschlafes übergibt, sondern daß diese noch intensiver als zuvor ihre geistigen Lebensfunktionen betätigen kann. Er schreibt (De Abr. II 9,66):

»Wenn die Seele schon während der nächtlichen Ruhe, obwohl sie noch in den Banden des Leibes liegt und gleichsam in den Kerker seiner Glieder hineingekettet ist, höhere und verborgene Dinge zu schauen vermag, um wieviel mehr schaut sie solche, wenn sie in einem rein ätherischen Zustand unter keinerlei Hindernissen und leiblichen Gebrechen mehr zu leiden hat.«

In den Grabkammern der römischen Katakomben begegnet uns regelmäßig das Bild des unter dem Schutz einer Kürbisstaude schlummernden Jonas (vgl. Jon 4,6) als eine Darstellung für die Ruhe und Seligkeit »am Ort der Wonne«. Dabei wird das Schicksal des Propheten Jonas, der von einem Walfisch verschlungen, drei Tage in dessen Bauch zubringt und schließlich auf Befehl Gottes wieder freigegeben wird, als das Bild des Menschen in seinem Sterben gesehen, den der Tod verschlingt, den dieser aber dann doch, weil durch Christus der Tod besiegt ist, wieder freilassen muß (vgl. Stuiber 143). Jesus selbst hat das »Zeichen des Propheten Jonas« auf sich, seinen Tod und seine Auferstehung bezogen (vgl. Mt 12,39).

Die frühe Kirche wußte aber auch von den Gefahren, die der Seele im Zwischenreich auf ihrem Weg »nach oben« drohten, von den »Geistern der Bosheit in den Lüften«, von denen Paulus spricht, und gegen die wir zu kämpfen haben (vgl. Eph 6,12).

Über ein diesbezügliches mystisches Erlebnis, das der Wüstenvater Antonius zu Lebzeiten hatte, berichtet Bischof Athanasius in der Lebensbeschreibung dieses Heiligen (c. 65):

»Er stand da und sah sich außerhalb seines Leibes (und es war ihm) als wenn er von einigen Wesen in die Luft entrückt werde. Dann erblickte er einige widerwärtige und schreckliche Gestalten im Luftraum, die ihn hindern wollten, hindurchzugehen. Seine Führer widerstanden ihnen, jene aber verlangten Rechenschaft, ob er ihnen nicht untertänig sei ... Sie erhoben Anklage, konnten aber den Beweis nicht führen und so erhielt er freie und ungehinderte Bahn. Und sogleich sah er sich wieder zu sich selbst hinzutreten und er war wieder ganz Antonius.«

Ähnlich begegnet uns bei einigen frühen Vätern, so bei Makarius (Hom 43,9) oder Kyrill von Alexandrien (Hom 14) die auch bei den Gnostikern sich findende Vorstellung, daß die Seele im Zwischenreich in Begleitung von Engeln einzelne Gerichtsstationen (»Zollstationen« genannt) durchlaufen muß. Hier wird sie von bösen Geistern, den »Zöllnern«, angehalten, die ihr die begangenen Sünden vorwerfen, während die begleitenden Engel die guten Eigenschaften des Verstorbenen in die Wagschale werfen.

Klemens von Alexandrien spricht weiterhin von einer Läuterung der Seele nach dem Tode in einem immateriellen Feuer (Strom. VII 6,34,4) und zwar im Anschluß an das etwas dunkle Paulus-Wort, daß mancher »nur wie durch Feuer selig wird« (1 Kor 3,15). Gregor von Nyssa nennt diese Läuterung ein »Heil- und Kurverfahren Gottes, der sein Gebilde in den früheren gnadenvollen Stand zurückversetzen will« (Große Katechese 8,3).

Origenes wiederum, der ebenfalls überzeugt ist, daß die Menschen nach dem Tod durch ein Feuer hindurchgehen müssen (In Luc. hom. 24), sieht aber auch die Reise der emporsteigenden Seele so, daß diese »an immer höheren Orten Aufenthalt nimmt, um von Engeln über die gerade durchmessenen Regionen der Welt und über mancherlei andere Geheimnisse unterrichtet zu werden« (Princ. 2,11,6). Es scheint demnach im Zwischenreich verschiedene Sphären zu geben, die der Reife der betreffenden Seele entsprechen.

Um die Begleitung der Seele durch Engel im Zwischenreich bis ins Paradies bittet auch der Gesang, der im alten römischen Beerdigungsritus auf dem Weg von der Kirche zum Friedhof gesungen wurde:

»(In paradisum) Ins Paradies sollen Engel dich geleiten, bei deiner Ankunft sollen Märtyrer dich (in ihre Reihen) aufnehmen und dich führen in die heilige Stadt Jerusalem. Der Chor der Engel empfange dich dort und mit Lazarus, dem einst armen, sollst du die ewige Ruhe haben.«

Nach frühchristlicher Auffassung gelangen (allein) die Märtyrer nach ihrem Tod direkt ins Paradies. Diese Vorstellung liegt auch einem Traum des nordafrikanischen Bekenners Saturus zugrunde eines Mitgefangenen der heiligen Perpetua. Wie wir aus den betreffenden Märtyrerakten erfahren – sie sind vermutlich von Tertullian verfaßt –, hatte er folgende Vision:

»Das Leiden war zu Ende, wir gingen aus dem Fleische und wurden von vier Engeln nach Osten getragen. Ihre Hände berührten uns dabei nicht. Wir gingen jedoch nicht steil aufwärts, sondern es war, als gingen wir einen sanften Hügel hinan.

Als wir die erste Welt hinter uns hatten, sahen wir eine unermeßliche Lichtfülle. Ich sagte zu Perpetua:»Das ist es, was der Herr uns versprochen hat; wir haben seine Verheißung empfangen.«

Und während wir von jenen vier Engeln getragen wurden, tat sich ein überweiter Raum vor uns auf. Es war eine Art Garten mit Rosenbäumen und Blumen aller Art. Die Bäume waren so hoch wie Zypressen; ihre Blätter rieselten unaufhörlich zur Erde nieder.

Dort im Garten waren noch vier weitere Engel, die noch leuchtender waren als die andern. Als sie uns sahen, machten sie Ehrenbezeugungen und sagten zu den andern:»Da sind sie, da sind sie!« Da erschauderten jene vier Engel, die uns trugen, und setzten uns ab.

Wir gingen zu Fuß weiter auf einem breiten Weg. Da trafen wir Jocundus, Saturninus und Artacius, die in derselben Verfolgung lebendig verbrannt wurden, und Quintus, der als Märtyrer im Kerker verschieden war. Wir fragten sie, wo die anderen seien. Aber die Engel sagten zu uns:»Kommt erst herein und begrüßt den Herrn!«

Und wir kamen an eine Stadt, deren Mauern wie aus Licht erbaut waren, und vor dem Tore dieser Stadt standen vier Engel, die den Eintretenden weiße Kleider anlegten.

Wir traten ein und hören einen einstimmigen Schall, unaufhörlich: Heilig, heilig, heilig. Und wir sahen in dieser Stadt einen großen Mann mit schneeweißen Haaren und jugendlichem Antlitz thronen;

seine Füße konnten wir nicht sehen. Zu seiner Rechten und Linken standen vier Älteste.
Wir gingen hinein und blieben voll Staunen vor dem Throne stehen. Vier Engel hoben uns hoch und wir küßten ihn. Er streichelte uns mit seiner Hand das Gesicht.
Die übrigen Ältesten sagten zu uns: »Stellt euch auf!« Und wir stellten uns auf und gaben uns den Friedenskuß. Dann sagten uns die Ältesten: »Geht, ergötzt euch!«
Und ich sagte zu Perpetua: »Jetzt hast du, was du willst.« Sie meinte darauf: »Gott sei Dank; so wie ich im Fleische froh war, so bin ich jetzt noch froher.« Wir gingen dann hinaus und sahen dort viele Brüder und auch Märtyrer darunter. Wir wurden ganz von einem unaussprechlichen Duft erquickt, der uns sättigte. Da wurde ich fröhlich wach« (Gamber, Sie gaben Zeugnis 68).

Das überirdische Paradies wird in den Grabkammern der römischen Katakomben immer wieder symbolisch als Gartenlandschaft dargestellt, in der eine oder mehrere Personen mit zum Gebet ausgebreiteten Armen, sogenannte Oranten, stehen; so etwa auf dem berühmten »Fresco de' cinque santi« (Kaufmann 110).

Auch finden sich Bilder von Tauben, die aus einem Gefäß trinken oder an Beeren picken. Und immer wieder die Darstellung des »Guten Hirten« (vgl. Joh 10,11) mit einem Schäflein auf der Schulter, das er gemäß Psalm 22 auf »immergrüne Auen« führt (22,2) und es wohnen läßt »im Hause des Herrn, in die Länge der Tage« (22,7).

Weiterhin begegnet uns die Abbildung eines Mahles, wohl des endzeitlichen Mahles im Gottesreich, von dem Christus im Gleichnis spricht (vgl. Lk 14,16) und das die Apokalypse als »Hochzeitsmahl des Lammes« bezeichnet (Kap. 19).

Neben dem Paradies, in das die Märtyrer direkt (ohne Verweilen in einem Zwischenreich) gelangen und das die übrigen Gläubigen in der Regel erst nach einer gewissen Zeit der Läuterung (»Fegfeuer«) erreichen, kennt die frühe Kirche die Vorstellung von einem »himmlischen Jerusalem«, das auch im oben zitierten Beerdigungsgesang erwähnt wird.

Diese überirdische Stadt, »die unsere Mutter ist«, wie Paulus schreibt (Gal 4,26), schaute Johannes, verbannt auf der Insel Patmos. Er beschreibt sie in seiner Apokalypse, wie sie am Ende der Zeiten von oben herniedersteigt, »geschmückt wie eine Braut« (21,2), um all die Menschen aufzunehmen, die die Sehnsucht nach der himmlischen Heimat (vgl. Eph 2,12) nicht verloren haben. In dieser überirdischen Stadt befinden sich die »Wohnungen« von denen Jesus gesprochen hat und die er zu bereiten uns vorangegangen ist (vgl. Joh 14,2). »Sie (Jerusalem) hatte die Klarheit Gottes und ihr Licht war gleich einem köstlichen Stein, wie Kristall. Sie hatte eine große, hohe Mauer mit zwölf Toren und auf den Toren zwölf Engel ... Der Bau der Mauer war aus Jaspis; die Stadt selbst war aus reinem Gold ...; auch die Straßen der Stadt waren reines Gold (Apk 21,11-12.18.21).

Und es heißt in der Apokalypse weiter von dieser himmlischen Stadt:

»Die Pracht und die Kostbarkeit der Völker wird man in sie hineintragen ... doch nichts Unreines wird in sie eingehen« 21,26f.), *d. h. alles Gute und Schöne, was hier auf Erden erdacht und geschaffen wurde, soll hier eine letzte und bleibende Stätte finden.*

Symeon der neue Theologe ist der Ansicht, daß das kommende Verweilen im Paradies und im himmlischen Jerusalem keinen Stillstand in der geistigen Entwicklung des Menschen darstellt. Er schreibt im zweiten seiner Hymnen:

»In alle Ewigkeit wird kein Ende sein des (geistigen) Voranschreitens; denn ein Stillstand, ein Aufhören würde demjenigen ja eine Grenze setzen (nämlich Gott), der ohne Grenze ist ... Nein, seine Fülle und das Leuchten seines Lichtes wird ein fortgesetzter Abgrund sein: ein Anfang ohne Ende« (Kirchhoff 19).

Bezüglich des Maßes der zu erwartenden Seligkeit, wie sie den einzelnen zuteil wird, heißt es hier:

»Das Maß ihrer Liebe (die sie einst geübt haben) wird das Maß ihres Lichtes sein, der Grad ihres Schauens« (Kirchhoff 18).

Im zähen Festhalten an altchristlichen Vorstellungen betrachtet noch heute die orthodoxe Kirche den Zustand der abgeschiedenen Seelen bis zur Parusie des Herrn und der Auferstehung des Leibes als ein Provisorium, einen »Zwischenzustand«. In diesem können die Seelen, Erleuchtung, Erquickung und schließlich völlige Befreiung aus ihrer Läuterung erlangen. Dies jedoch nicht aus eigener Kraft, sondern einzig und allein durch die Barmherzigkeit Gottes und die Fürbitte der Gläubigen (vgl. Heiler 147). So heißt es in einem byzantinischen Kirchengesang:

»Du trägst gegen uns unfaßbares Erbarmen und (bist) die Quelle göttlicher Güte, du so reich an Erbarmen. So laß denn die zu dir, dem Gebieter, hinübergegangen sind, im Lande der Lebenden wohnen, in den lieblichen und ersehnten Gezelten, und schenke ihnen das ewig bleibende Erbe. Denn du hast für alle, o Christus, dein Blut vergossen und um einen lebenbringenden Preis die Welt erkauft« (Kirchhoff, Totenhymnen 90).

Ein weiterer Aspekt findet sich in einem Offertorium-Gesang der römischen Totenmesse. Hier bittet die Kirche um Bewahrung der Verstorbenen vor dem Fall ins Dunkel und um Errettung aus dem Hades:

»(Domine Iesu Christe, rex gloriae) Herr Jesus Christus, König der Herrlichkeit, bewahre die Seelen aller verstorbenen Gläubigen vor den Qualen der Unterwelt (infernum) und vor dem tiefen See. Bewahre sie vor dem Rachen des Löwen, auf daß der Tartarus sie nicht verschlinge, auf daß sie nicht fallen ins Dunkel (ne cadant in obscurum). Vielmehr geleite sie St. Michael, der Bannerträger, ins heilige Licht, das du einst dem Abraham verheißen und seinen Nachkommen.«

Die Interpretation dieses liturgischen Textes – er ist sicher uralt, da in ihm antike Hades-Vorstellungen mit einem Strafort, dem »Tartarus« und dem »tiefen See« vorkommen – hat den Theologen schon immer Schwierigkeiten bereitet. Diese gehen nämlich davon aus, daß mit dem Sterben des Menschen sofort eine endgültige Entscheidung über sein künftiges Schicksal gefällt wird und deshalb ein Gebet für gerade Verstorbene um Errettung vor dem Strafort sinnlos wäre.

Unserem Gesang liegt jedenfalls deutlich die Vorstellung zugrunde, daß sich die Seele nach dem Entschlafen in Gefahr befindet, »ins Dunkel zu fallen« und vom »Rachen des Löwen« (gemeint ist der Teufel) verschlungen zu werden, daß sie also, wenn sie keinen Beistand findet, anstatt »ins heilige Licht« zu gelangen, »nach unten« gezogen werden könnte.

Auf die Errettung der Seele aus den genannten Gefahren weisen zahlreiche Darstellungen in den Katakomben hin, so das Bild des Noe. Dieser steht, von den bedrohlichen Wassern der Sintflut errettet, in Gebetshaltung in einem »Kasten«, womit die Arche (arca) gemeint ist (vgl. 1 Pt 3,20), während ihm eine Taube einen Ölzweig aus dem Paradies bringt (vgl. Gen 8,11).

Ein weiteres Symbolbild stellt die drei Jünglinge im Feuerofen dar, aus dessen Gefahr sie durch einen Engel Gottes befreit wurden (vgl. Dan 3,49). Im selben Sinn lassen sich auch die Darstellungen von der Errettung der unschuldigen Susanna (vgl. Dan 13) und von Daniel in der Löwengrube (vgl. Dan 14) deuten.

Die gleiche Thematik wie in den Katakomben begegnet uns in den Sterbegebeten des Rituale Romanum, die auf älteste Zeiten zurückreichen dürften:

»Nimm auf, o Herr, deinen Diener in die Wohnung der Seligkeit, die er sich von deiner Barmherzigkeit erhofft.

Befreie, o Herr, die Seele deines Dieners von allen Gefahren der Unterwelt und von den Banden der Strafen und von jeglicher Bedrängnis.

...

Befreie, o Herr, die Seele deines Dieners, wie du den Noe befreit hast aus der Sintflut.

...

Befreie, o Herr, die Seele deines Dieners, wie du den Daniel befreit hast aus der Löwengrube.

Befreie, o Herr, die Seele deines Dieners, wie du die drei Jünglinge befreit hast aus den Gluten des Feuerofens und aus der Hand des gottlosen Königs.

Befreie, o Herr, die Seele deines Dieners, wie du die Susanna befreit hast von der falschen Anklage.«

Wer von der allumfassenden Barmherzigkeit Gottes überzeugt ist, tut sich schwer an eine ewige Verdammnis der unbußfertigen Sünder zu glauben. Könnte nicht durch eine (gegebenenfalls sehr lange) Läuterung in der jenseitigen Welt zugleich der Gerechtigkeit Genüge getan und eine Rettung bewirkt werden?

Origenes geht sogar noch weiter und spricht von einer »Apokatastasis panton«, worunter er eine Wiederherstellung aller Dinge verstand. Seiner Ansicht nach werden am Ende der Tage alle Bösen und selbst Luzifer und seine Engel durch die Kraft des Kreuzestodes Christi überwunden und zu Gott zurückgeführt werden.

Die Lehre des Origenes ist auch von einigen frühen Vätern, so u. a. von Gregor von Nazianz und Gregor von Nyssa, Diodor von Tarsus und Theodor von Mopsuestia vertreten worden. Diese Väter berufen sich dabei auf das Paulus-Wort (1 Kor 15,25), daß Gott am Ende der

Zeiten »alles in allen« sein wird (vgl. Gregor von Nyssa, Gespräch mit Makrina 13,3–4).

Diese Lehre ist zwar auf der Synode von Konstantinopel 543 verworfen worden, sie hat jedoch in der Orthodoxie bis zum heutigen Tag immer noch heimliche Anhänger, die nach den Worten des bulgarischen Theologen Zankow nicht »ruhig den Gedanken annehmen können, daß es in alle Ewigkeit, trotz der Liebe und Gnade Gottes ewig verdammte Menschen und eine ewige Sünde geben wird« (Heiler 150).

Das eine steht jedenfalls nach allgemeiner theologischer Lehre fest: *Niemand wird auf ewig verdammt werden, der zu Gott gelangen will.*

Damit kommen wir zu einer grundsätzlichen Frage.

2.
Der Mensch in der letzten Entscheidung
(nach Ladislaus Boros)

Im Neuen Testament ist deutlich von der Möglichkeit des Menschen die Rede, sich letztlich gegen Gott, gegen das »Licht« (vgl. 1 Joh 1,5), zu entscheiden und schließlich ins »Dunkel« zu fallen (vgl. Joh 12,35), in die »äußerste Finsternis«, dorthin, »wo Heulen und Zähneknirschen sein wird« (Mt 8,12 u. ö.), und wo er wohl »Abraham, Isaak und Jakob und alle Propheten im Reiche Gottes sieht, selbst aber ausgeschlossen ist« (Lk 13,28).

Dieses »Geheimnis der Bosheit«, wie es Paulus nennt (2 Thess 2,7), liegt in der »Sünde wider den Heiligen Geist« begründet, »die weder in dieser noch in der anderen Welt vergeben werden kann« (Mt 12,32), nämlich in einem bewußten Zurückweisen der unendlichen Liebe und Barmherzigkeit Gottes, der »will, daß alle Menschen gerettet werden« (1 Tim 2,4).

Mit dieser Frage beschäftigt sich Ladislaus Boros in seiner philosophisch-theologischen Studie »Mysterium mortis«. Es wird darin die These vertreten, daß der Mensch im Sterben mit dem vollen Einsatz seiner Person über sein endgültiges Schicksal selbst entscheidet.

Wie bereits Johannes von Damaskus in seiner Schrift »Über den orthodoxen Glauben« (II,4; BKV 51) betont, entspricht diese letzte

Entscheidung des Menschen der Prüfung der Engel. Bekanntlich hatte ein Teil von ihnen, mit dem einstigen »Lichtengel« (Luzifer) an der Spitze, diese Prüfung nicht bestanden, was zum Kampf zwischen den abgefallenen und den Gott treu gebliebenen Engeln führte (vgl. Apk 12,7–10).

Boros geht in diesem Zusammenhang der wichtigen Frage nach, in welchem Augenblick des menschlichen Todes diese Entscheidung gefällt wird. Er spricht von drei verschiedenen Stationen des Sterbens. Die erste Station nennt er den *klinischen Tod.* Dieser stellt jene Stufe dar, in der die wesentlichen, nach außen hin erkennbaren Körperfunktionen aufhören, womit jedoch keineswegs gesagt ist, daß sich bereits in dieser Etappe des Sterbens die Scheidung der Seele vom Körper vollzogen hat.

Die zweite Stufe, der *relative Tod,* bedeutet nach Boros jenen Zustand, der nach einem längeren Andauern des Funktionsstillstands eintritt. Doch kann sogar noch hier der Leib in bestimmten Fällen wieder »beseelt werden«, sei es, durch einen besonderen medizinischen Eingriff, sei es durch ein von Gott gewirktes Wunder, wie etwa im Fall des Lazarus von Bethanien (vgl. Joh 11,1–44) und anderer Totenerweckungen Jesu (Lk 7,11 ff.; Mk 5,41) oder der Heiligen (vgl. Mt 10,8).

Als *absoluter Tod* wird der Augenblick der vollständigen »Trennung der Seele vom Leib« bezeichnet. Der Mensch gelangt damit vom Zustand der Vorläufigkeit, der Pilgerschaft auf Erden, in die Endgültigkeit des Seins in einer anderen Welt. Es gibt nun für die Seele kein Zurück mehr.

Spätestens in diesem »physisch unbestimmbaren Moment« des absoluten Todes geschieht nach Boros die Endentscheidung des Menschen (180).

Je nach der Todesursache kann es kürzer oder länger dauern, bis der Todesvorgang alle drei Etappen durchlaufen hat. Es dürften zwei bis drei oder höchstens, wie im Fall des Lazarus, der bereits Leichengeruch hatte (vgl. Joh 11,39), vier Tage sein – also eine relativ lange Zeit, in der sich der klinisch Tote zurechtfinden und über sein weiteres Schicksal entscheiden kann.

Wie die einzelnen Menschen, so war auch Jesus nach seinem Sterben am Kreuz »im Herzen der Erde« (Mt 12,40). In dieser Zeit predigte er, wie es im 1. Petrusbrief heißt (3,19) den Seelen im Hades, bis er als »Erster der Entschlafenen« (1 Kor 15,20) glorreich aus dem Grab erstand.

Während Jesus mit seinem nun verklärten Leib in die Herrlichkeit Gottes eingegangen ist, besitzt die Seele des Menschen bis zur allgemeinen Auferstehung der Toten, wie es scheint, einen ätherischen Leib, der schon vorher im grob-physischen Körper mitvorhanden war. Hedwig Conrad-Martius begründet dies mit einem »ontischen Angewiesensein der Seele auf eine aktuelle von ihr behauste Leiblichkeit«, wobei ihr »eine absolut leibfreie Seele nicht nur unwesensgemäß, sondern auch widersinnig« erscheint (bei Boros 187f.).

Boros betont in seiner Studie weiterhin, daß die letzte Entscheidung eines Menschen in einem Augenblick völliger Klarheit geschieht, d. h. in einer Erkenntnis, die ihm bisher, als seine Seele noch durch den irdischen Körper »eingeengt war«, fehlte.

Diese Entscheidung geschieht im Angesicht Christi, den der Mensch nun zum ersten Mal direkt schaut. »Mit voller Liebe und gnadenreich blickt (dieser) auf den ihm entgegenkommenden Menschen. Sein Schauen glüht aber zugleich bis in das Innerste des Menschendaseins. Gott im Feuerblick Christi zu begegnen, ist die höchste Erfüllung unserer Liebesfähigkeit und zugleich das schrecklichste Leiden unseres Wesens« (147).

Es ist dies der Beginn des »Fegfeuers«, »der Durchgang durch das läuternde Feuer der göttlichen Liebe«, wie Boros sich ausdrückt (148), und keine »riesige Folteranstalt, kein kosmisches Konzentrationslager, in dem jammernde, klagende und seufzende Kreaturen bestraft werden« (144). »Gott selbst, die Begegnung mit ihm, ist unser Fegfeuer« (145).

Der Tod ist zugleich »der erste vollpersonale Akt des Menschen und somit der seinsmäßig bevorzugte Ort des Bewußtwerdens, der Freiheit, der Gottbegegnung und der Entscheidung über das ewige Schicksal« (173).

Diese Endentscheidung, die in völliger Klarheit gegenüber dem personal erkannten Christus gefällt wird und die »höchste, entscheidenste, klarste und innerlichste Christusbegegnung eines Lebens« darstellt (173), gilt so an sich für alle Menschen ohne Ausnahme, ganz gleich welcher Religion sie angehört haben. Sie erwächst jedoch aus den kleinsten Entscheidungen des Lebens. Mit anderen Worten: es ist keineswegs gleichgültig, wie der einzelne auf Erden gelebt oder ob er sich bemüht hat, Gott (Christus) zu erkennen, ihn zu lieben und seinen Willen zu erfüllen.

Wenn sich ein Mensch vor dem Angesicht Christi schließlich doch gegen Gott entscheidet, wenn er also gar nicht zu Gott kommen will – was an sich wegen der klaren Erkenntnis, mit der er in diesem Augenblick handelt, fast unverständlich zu sein scheint –, dann ist der auf ihn wartende Zustand der Gottferne, der »Finsternis«, frei gewählt und (nach kirchlicher Lehre) irreparabel. Im oben zitierten liturgischen Text bittet daher die Kirche, daß der Verstorbene nicht diesen Weg wähle und so »ins Dunkel falle«, sondern daß er in das Licht Gottes gelange.

3.
Sterbeerlebnisse Reanimierter

Mit den Jenseitsvorstellungen der frühen Christenheit und den theologischen Überlegungen von Ladislaus Boros wären nun Erlebnisse von Menschen zu vergleichen, welche die erste Station des Sterbens, den »klinischen Tod«, erlitten haben, jedoch durch die Kunst der Ärzte wieder ins Leben zurückgekehrt sind. Es handelt sich also um Menschen, die bereits an der Schwelle zum Jenseits gestanden haben.

In der Mitte der 70er Jahre erschien zu diesem Thema ein Buch mit dem Titel »Sterben ist doch ganz anders«. Darin hat der Autor, der deutsche Krankenhausseelsorger Johann Christoph Hampe, die Erlebnisse zahlreicher reanimierter (wiederbelebter) Menschen verglichen und zu bewerten versucht. Ein anderer Autor, der Arzt Eckart Wiesenhütter, beschreibt in seinem Buch »Blick nach drüben« ähnliche Phänomene, die er selbst im Laufe einer schweren Krankheit erlebt hat.

Ebenfalls noch in den 70er Jahren gelangten aus Amerika eine Reihe weiterer Bücher nach Europa. Am bekanntesten sind wohl die Veröffentlichungen von Raymond Moody, der in zwei Publikationen eine Sammlung von derartigen Fällen vorstellt, sowie die Bücher von Elisabeth Kübler-Ross, die vor allem versucht, die Erkenntnisse dieses neuen Forschungsgebiets im klinischen Alltag bei der Begleitung Sterbender zu verwerten.

Wer aber die Bücher von Moody »Leben nach dem Tod« und

»Überlegungen zu einem Leben nach dem Tod« kritisch liest, erkennt darin bald eine bestimmte Tendenz, die wohl der sensationellen Aufbereitung dieses brisanten Themas diente. Darauf hat u. a. Philipp J. Swihart in seinem Buch »Der Tod wirklich anders?« hingewiesen.

Tod und Sterben geraten bei Moody zu einem Erlebnis der Superlative, als die befreienste, glücklichste und schönste Sache der Welt. Fast ausnahmslos werden wohltuende, freundliche Bilder vorgestellt, so von der Befreiumg vom irdisch-schweren Körper, von Gefühlen des Schwebens, der gedankenschnellen Fortbewegung sowie von der Begegnung mit einer Lichtgestalt, die Liebe, Frieden und Harmonie ausstrahlt. Von der dunklen Seite des Sterbens finden sich allenfalls Spuren, wenn beispielsweise von »negativen Empfindungen« eines Selbstmörders berichtet wird.

Es scheint, daß durch die einseitigen Ausführungen Moodys und weiterer Autoren eine ernsthafte Auseinandersetzung mit den Erlebnissen Reanimierter beeinträchtigt, wenn nicht sogar verhindert wurde. Inzwischen dürfte das Interesse an diesem Thema etwas geringer geworden sein. Bei einigen Wissenschaftlern, so bei den Theologen, ist es unverständlicherweise von Anfang an auf Ablehnung gestoßen.

Es wäre schade, wenn Erlebnisse in Todesnähe, die seit jeher zum Grundbestand menschlicher Erfahrung gehören – man denke nur an das Ägyptische oder Tibetanische Totenbuch – heute nicht ausgewertet würden. Hampe meint im Vorwort seines Buches: »Wir betreten auf den folgenden Seiten ein Gebiet, wo das Einmaleins und die Statistik versagen und gängige Erkenntnismittel nicht weiterhelfen. Wir werden hier nie alles wissen. Aber warum sollen wir uns auch bei letzten Fragen Wissen, das erreichbar ist, nicht zumuten? ... Sowenig Wissen je Glauben ersetzen kann, wird doch geprüfte Erfahrung unsere Urteile verändern« (9 f.).

Ähnlich wie Dogmen sind Sterbephänomene dem Zugriff des beweisenden Denkens entzogen. Dennoch wäre es falsch, die Aussagen ins Leben zurückgekehrter als fromme Vermutung oder Wunschdenken abzutun. Die Auswahl unserer Beispiele erfolgte auf der Suche nach typischen Phänomenen, die von der Mehrzahl der Sterbenden wahrgenommen wurde. Es muß aber zugleich darauf hingewiesen werden, daß das Sterben in unzähligen Varianten erlebt wird und eine Systematisierung eigentlich einer Vereinfachung dieses vielschichtigen Vorgangs gleichkäme.

Bevor die moderne Intensivmedizin uns einen Einblick in das Sterbegeschehen ermöglichte, gab es immer wieder Menschen, die durch einen Unfall oder eine schwere Krankheit in einen Zustand gerieten, der ihnen einen Blick »nach drüben« gewährt hat. Auch die Aussagen Sterbender, die kurz vor ihrem Hinscheiden bereits etwas von der jenseitigen Wirklichkeit wahrnehmen und noch in der Lage sind, ihre Eindrücke wiederzugeben, gehören hierher. Das klassische Beispiel ist der Erzmärtyrer Stephanus, der sterbend ausgerufen hat: »Ich sehe den Himmel offen und den Menschensohn zur Rechten Gottes stehen« (Apg 7, 55). Eine systematische und zuglcich kritische Auswertung sowohl von Zuständen in Todesnähe als auch von Sterbebetterlebnissen steht leider noch aus.

Daneben gibt es eine weitere Gruppe von Menschen, die durch besondere Veranlagung, auch ohne in einer Gefahrensituation zu sein, Bilder aus der anderen Welt empfangen. Gemeint sind Heilige, Visionäre, Mystiker und Seelensichtige, wie unter anderen Hildegard von Bingen, Joachim von Fiore oder der Maler Hieronymus Bosch, der mit seiner Darstellung der Röhre, an deren Ende ein Engel auf den Menschen wartet, ein vielfach belegtes Erlebnis Sterbender wiederzugeben scheint.

Der erwähnte J. Chr. Hampe unternimmt den Versuch, die Berichte Sterbender in die Nähe mystischer Erfahrungen zu bringen. Tatsächlich könnte ein echter Zusammenhang bestehen. So berichten übereinstimmend sowohl Sterbende als auch Mystiker vom sogenannten Ich-Austritt. Kennzeichen dieses Vorgangs ist ein gesteigertes Bewußtsein, ein überwaches Empfinden und das Gefühl, daß sich die Seele, das »Ich« (mit seinem, wie oben gezeigt, ätherischen Leib) vom Körper loslöst, dabei nach oben schwebt und den leblos erscheinenden Körper unter sich liegen sieht, begleitet von einem Gefühl der Schwerelosigkeit und einer völlig neuen Leiblichkeit. Dazu ein Erlebnisbericht aus England:

»Ich war in London in einem Hotel. Ich erwachte morgens ein wenig unwohl (ich habe ein schwaches Herz), und gleich nach dem Erwachen fiel ich in Ohnmacht. Zu meinem größten Erstaunen befand ich mich bald im oberen Teil des Zimmers, von wo aus ich meinen leblosen Körper im Bett betrachtete, dessen Augen geschlossen

waren. *Ich versuchte ohne Erfolg, in meinen Körper wieder einzuge-*
hen, und schloß daraus, daß ich tot sei. Ich begann darüber nachzu-
denken, was die Leute vom Hotel, meine Verwandten, meine
Freunde sagen würden. Ich fragte mich, ob gerichtliche Nachfor-
schungen stattfinden und wie sich meine Geschäfte nun abwickeln
würden. Sicherlich hatte ich weder das Gedächtnis noch das Selbstbe-
wußtsein verloren. Ich sah meinen leblosen Körper wie einen Gegen-
stand für sich; ich war imstande, mein Gesicht zu betrachten. Doch
konnte ich nicht das Zimmer verlassen. Ich fühlte mich angekettet,
festgelegt in der Ecke, wo ich mich befand« (Hampe 48).

Deutliche Parallelen zu diesem Erlebnis zeigt der Bericht des
niederdeutschen Mystikers Hemme Hayen aus dem 17. Jahrhundert:
».. . Ich lag morgens im Bett; es war schon heller Tag und ich wachte
schon ganz hell. Mein Gemüt lag in tiefer Betrachtung, und in der
Entzückung, die ich bekam, schied mein neuer Mensch, gleich als bei
der Seiten am Bett, von dem alten ab und ließ mich auf dem Bett
liegen wie einen toten Klotz. Mich umwendend sahe ich meinen
natürlichen Leib also tot liegen, ich selbst aber kam wieder in den
hohen Glanz« (ebd. 47).

Interessant ist die Tatsache, daß Menschen während eines Ich-
Austritts ihre Umgebung deutlich wahrnehmen, obwohl sie, medizi-
nisch gesehen, bewußtlos sind oder tot zu sein scheinen. Einzelhei-
ten, die sie nach der Rückkehr aus dem todesähnlichen Zustand
erzählen, bestätigen jedoch ihre »Anwesenheit«. So heißt es im
obigen Bericht aus England weiter:

»Nach ein bis zwei Stunden hörte ich mehrmals an die abgeschlos-
sene Tür klopfen, ohne ein Lebenszeichen geben zu können. Kurze
Zeit danach erschien der Hauswart des Hotels auf dem Balkon, zu
dem eine Feuerleiter hinaufführte. Ich sah, wie er das Zimmer betrat,
ängstlich meinen Körper anschaute und dann die Tür öffnete. Bald
kamen die Hotelverwalterin und andere herein. Ein Arzt traf ein. Ich
sah, wie er den Kopf schüttelte, als er mein Herz abhorchte, und dann
einen Löffel zwischen meine Lippen brachte. Ich verlor das Bewußts-
ein und erwachte im Bett.«

Ein weiteres Geschehen, das unmittelbar nach dem Ich-Austritt zu
erfolgen scheint, wird mit »Lebens-Panorama« umschrieben. Das
ganze Leben gleitet an Sterbenden vorüber, wobei die Erfahrungen
unterschiedlich sind. Die meisten berichten vom raschen Ablauf

eines Films, andere wieder wollen alle Bilder gleichzeitig gesehen haben. Manche bezeichnen ihre Eindrücke als völlig ungeordneten Wirrwarr und wieder andere schildern eine Art Gerichtssituation. Dazu der österreichische Schriftsteller Paul Anton Keller, der von einem niederstürzenden Baum getroffen worden war:

»Dann begannen vor meinem inneren Auge eine Menge Bilder aufzuflammen, die die wichtigsten Begebenheiten in meinem Leben darstellten. In diesen Bildern schien ich sowohl der Handelnde als auch der Zeuge für das zu sein, was sich da alles abspielte. Ich merkte, daß ich mit klarer Vernunft, völlig ohne Vorurteile und ohne verschwommene Gefühle selbst der Richter über alles war, was in meinem vergangenen Leben vorgefallen war, das Gute wie das Böse« (Hampe 65).

Wer aus der Fülle der während des letzten Jahrzehnts aufgezeichneten Sterbeerlebnisse und todesnaher Zustände Vergleichbares zusammenstellen will, wird die Erfahrung machen, daß jeder Fall seinen individuellen Charakter hat. Doch finden sich bestimmte Wahrnehmungen in nahezu allen Berichten. Wir erwähnten bereits den Ich-Austritt und die Vorführung eines Lebens-Panoramas. Über Wahrnehmungen von Licht, Farbe und Musik, das Empfinden einen Tunnel zu durchqueren, über Begegnungen mit bereits Verstorbenen und anderen außerirdischen Wesen wird noch zu berichten sein.

Obwohl in der Bildwelt, die der Sterbende wahrnimmt, möglicherweise Inhalte des Unterbewußtseins eine Rolle spielen, betonen die ins Leben Zurückgekehrten die besondere Qualität des Erlebten, die zum Beispiel einem Traum weit überlegen ist. Dieser besondere Eindruck erklärt auch die häufig zu beobachtende Umstellung des Lebens nach einem Sterbeerlebnis.

Ein Indiz für den Wahrheitsgehalt derartiger Phänomene könnte der Umstand sein, daß Ablauf und Inhalt des Geschehens sowohl bei gläubigen Menschen als auch bei Agnostikern, im Rahmen der angedeuteten Unterschiede, durchaus übereinstimmen können.

Schwierigkeiten bereitet dabei immer wieder die Formulierung geistiger Inhalte. Abgesehen von dem bei jedem Menschen unterschiedlichen großen Artikulationsvermögen, scheinen irdische Begriffe das Erlebte nur ungenügend wiederzugeben. Ein Zurückgekehrter sprach von der Mehrdimensionalität der anderen Welt, die mit den Begriffen einer dreidimensionalen Sprache nicht zu beschreiben wäre. So entzieht sich unter anderem die »drüben« herrschende Zeit- und Raumlosigkeit jeder irdischen Begrifflichkeit. Ähnliche Formulierungs-Probleme sind von Mystikern bekannt, die immer wieder betonen, daß die Beschreibung ihrer Visionen nur als Bilder einer unaussprechlichen Dimension zu gelten haben.

Ein übereinstimmend von allen Sterbenden erwähntes Phänomen ist das Wahrnehmen einer unvorstellbaren Lichtfülle, die sich jedoch vom irdischen Licht in jeder nur denkbaren Weise unterscheidet. Meist wird dieses unirdische Licht mit mild und warm umschrieben; auch das Wort barmherzig fällt in diesem Zusammenhang. Oftmals scheint eine Empfindung von Farben damit verbunden zu sein, die das Licht intensivieren. Mehrfach wird auch von einem nie gekannten Harmoniegefühl berichtet, das auf diese außergewöhnliche Strahlung zurückgeführt wird.

Viele Reanimierte deuten an dieser Stelle das Erlebnis einer personalen Begegnung mit einem Lichtwesen an, das den Sterbenden als »Lichtglanz aus der Höhe« (Lk 1,78) mit unendlicher Liebe umfängt. Dazu der Bericht einer Frau, die in ihrer Jugend im Alter von 10 Jahren einen todesähnlichen Zustand durchlebte:

»Ich weiß nicht, wie lange mein Ertrinken dauerte. Aber ich weiß, daß ich bei vollem Bewußtsein war. Hinterher konnte ich mich daran erinnern, daß ich eine Grenze überschritten habe und eine neue Wirklichkeit eintrat. Eine Fülle von Licht umstrahlte mich. Die Hauptfarbe war rot; sie ging über ins Gelb und Orange. Wenn ich sage ›umstrahlte‹, so ist mir das als eine Wirklichkeit erinnerlich, die sich der Art unseres Wahrnehmens entzog. Es war ein Wahr-Nehmen im wörtlichen Sinne, ein Umfangenwerden von etwas so Liebevollem, Zartem, daß ich auch heute noch keine Worte dafür habe. ›Ich‹ blieb anwesend bei vollem Bewußtsein und legte mich einfach, wie ich sagen möchte, in diese große Hand von Licht hinein« (Hampe 49).

Mit dem Eindruck, einer ganz von Licht umfluteten Person zu begegnen verbindet sich oft das erwähnte Lebens-Panorama. In der Gegenwart dieses Wesens, das von vielen als Engel, von anderen als Christus bezeichnet wird, vollzieht sich eine Art Gerichtsszene. Interessanterweise wird der Sterbende dabei nicht von diesem Lichtwesen selbst gerichtet; vielmehr geschieht dies durch das eigene Gewissen und zwar in der Erkenntnis, die ihm die Gegenwart des Lichtwesens vermittelt.

Immer wieder, wenn auch nicht bei allen Sterbevorgängen, wird die Durchquerung eines Tunnels oder einer Röhre erwähnt. Man gewinnt den Eindruck, daß es sich um eine Grenzüberschreitung handelt. In selteneren Fällen wird von einem Fluß berichtet, den es zu überwinden gilt, was an den antiken Fluß Styx im Hades erinnert. Am Ende des Tunnels oder am anderen Flußufer findet dann oft eine Begegnung mit früher Verstorbenen statt, aber auch mit Engeln, die sich als Seelenführer ausweisen – eine Vorstellung, die uns auch in der christlichen Frühzeit begegnet. Eine Frau berichtet folgendes:

»Ich fand mich wieder, als ich im Dunkeln, im Inneren eines spiralförmigen Tunnels war. Weit am Ende des Tunnels, das sehr schmal war, sah ich ein helles Licht. Da begann jemand zu mir zu sprechen. Jemand war dort im Dunkeln. Er begann damit, mir den Sinn meines Lebens zu erklären. Mir wurden alle Fragen beantwortet, die ein Mensch überhaupt nur stellen kann. Ich wußte nun alles, und durch die Kenntnisse, die ich bekommen hatte, wurde mir unbeschreiblich leicht zumute. Denn sie erfüllten mich mit Frieden und Glück. Ich hatte die Erklärung meines Lebens in der Hand: alles war einfach, logisch und selbstverständlich« (Hampe 89).

Das Empfinden, die Zusammenhänge seines Lebens in diesem Augenblick zu verstehen, ja gewissermaßen Anteil am »Allwissen« zu haben, wird auch von anderen Zeugen erwähnt. Dies alles wird begleitet von einem »göttlichen Frieden und einer nie erlebten Harmonie«. Die vor allem positiven Erlebnisse erklären, warum Sterbende sich oftmals gegen eine Rückkehr ins irdische Leben wehren. Wenn diese trotzdem erfolgt ist, bleibt lebenslang ein Gefühl der Sehnsucht nach dem im Sterben Erlebten zurück. Der erwähnte Arzt Eckart Wiesenhütter beschreibt dies in seinem Buch »Blick nach drüben« sehr eindrucksvoll (18 f.).

Man könnte erwarten, daß Menschen, die während eines Sterbeerlebnisses am »Allwissen« der jenseitigen Welt teilnahmen, die empfangenen Informationen weitergeben und uns somit Einblicke in die Letzten Dinge gewähren. Wir wissen aber, daß noch kein Sterbender mit einem sensationellen Wissen über die Zusammenhänge zwischen dieser und jener Welt zurückgekehrt ist. Warum dies so ist, erfahren wir im zweiten Teil des eben zitierten Berichts:

»Wenn du erwachst, wird alles, was du gehört hast, aus deinem Gedächtnis gelöscht sein, sagte die Stimme zu mir, denn kein Mensch

darf auf Erden leben, der solche Kenntnisse besitzt. Aber du sollst dich daran erinnern, daß das Schwere in deinem Leben nun vorüber ist, du brauchst dich nun nicht mehr zu fürchten. Geh nun wieder in dein Leben zurück. – Nein, rief ich, ich will nicht? Verschone mich davor, wieder dorthin zurück zu müssen? – Du mußt gehen! antwortete die Stimme, deine Zeit ist noch nicht gekommen, geh nun!« (Hampe 89).

Es scheint, je weiter der Sterbevorgang voranschreitet, desto mehr nimmt das Gefühl der Ich-Weitung zu, das sich schließlich in höchster Steigerung zu einem Zustand der Glückseligkeit verdichtet, der zugleich wie eine Umschmelzung und Neuschaffung empfunden wird. Ohne Ausnahme wird immer von einer unendlichen Erleichterung berichtet, nachdem alle körperliche Last, alle Ängste, Sorgen und Schmerzen abgelegt sind. Der nun folgende Bericht bedient sich mystischer Begriffe, um das Unaussprechliche auszudrücken:

»Mein neues Ich war nicht mehr das vertraute Ich, sondern gleichsam ein Sublimat davon, wenn es mir auch irgendwie bekannt vorkam wie etwas, was ich schon immer tief begraben gewußt hatte und unter einem Überbau aus Ängsten, Hoffnungen, Wünschen und Begierden. Dieses Ich hatte nichts mehr mit unserem diesseitigen Ego zu tun. Es war reiner Geist, endgültig, unveränderlich, unteilbar, unzerstörbar. Wenngleich absolut einmalig, individuell geprägt wie ein Fingerabdruck, war es gleichzeitig Teil eines unendlichen, wohlgeordneten Ganzen. Ich war schon vorher dort gewesen. Der Zustand, in dem ›ich‹ mich befand, war durch ein Gefühl unerhörter Ruhe gekennzeichnet, aber auch noch durch etwas anderes, nämlich die Vorahnung großer Ereignisse, einer weiteren Verwandlung« (Hampe 92).

Keines der Beispiele, die J. Chr. Hampe in seinem Buch anführt, geht über den Rahmen des obigen Berichtes hinaus. Andere Autoren führen Sterbeerlebnisse an, in denen offensichtlich weitere Grenzen überschritten werden und die bereits als die Erfüllung einer »Vorahnung großer Ereignisse« anzusehen sind. Manches klingt hier so phantastisch, ja märchenhaft, daß man Zweifel anmelden muß, ob so weitreichende Erfahrungen überhaupt in einem Zustand möglich sind, in dem die Seele noch nicht ganz vom Körper getrennt ist.

An dieser Stelle ist nochmals daran zu erinnern, daß die Seele sich erst, wie oben gezeigt, nach einer Frist von 3–4 Tagen endgültig vom Körper trennt. Die angeführten Berichte liegen aber ausnahmslos im allerersten Stadium dieser Frist und sind demnach keine Zeugnisse für den Zustand des Totseins.

In der Publikation »Tote sterben nicht« des Holländers Willem Cornelis van Dam herrschen Aussagen vor, in denen von einer »himmlischen Stadt« die Rede ist. Sie wird als Lichtstadt, die nach den Gesetzen der Harmonie erbaut ist, beschrieben, umgeben von einer Mauer mit perlenen Toren, mit goldenen Straßen und überall besetzt mit Juwelen (van Dam 45 ff.). Unschwer läßt sich in diesem Bild das himmlische Jerusalem der Apokalypse erkennen. Andere erzählen von einer lichtüberfluteten herrlichen Landschaft, mit wunderbaren Blumen, wasserspendenden Brunnen, Vögeln und anderen Tieren, ähnlich dem Paradies.

Wie bei Hampe gibt es auch in diesem Buch detaillierte Beschreibungen der Zustände und Gesetzmäßigkeiten dieser außergewöhnlichen Welt. Schon früh verstorbene Kinder werden als Erwachsene gesehen. Raum- und Zeitlosigkeit wird immer wieder als markanter Unterschied zur irdischen Welt empfunden. Fortbewegung geschieht ohne Hilfsmittel in Gedankenschnelle, und Sprache wird durch Gedankenübertragung und nicht durch akustische Kommunikation übermittelt.

Häufig wird der Ort, an dem sich Sterbende wiederfinden, mit »Zwischenreich« bezeichnet. Viele glauben erkannt zu haben, daß hier eine Weiterentwicklung, ein Dazulernen stattfindet. Das jenseitige Leben wird sogar als Fortsetzung des irdischen Daseins bezeichnet, wobei sich das eine nahtlos an das andere fügt. Manche behaupten, der Reifungsprozeß des Menschen werde dort, wo er durch den Tod unterbrochen wird, im Jenseits wieder fortgeführt. Ähnliche Gedanken hat bereits Symeon der Theologe geäußert (s. o.).

Vielfach wird auch das Wort Jesu »Im Hause meines Vaters sind viele Wohnungen« (Joh 14,2) bestätigt gefunden, indem von zahlreichen Orten berichtet wird, die dem jeweiligen Entwicklungszustand des Betreffenden angepaßt sind.

Es fällt auf, daß die Erfahrungsberichte im Buch von W. C. van Dam weitgehend mit dem Inhalt mystischer Visionen übereinstimmen. Das läßt vermuten, daß hier in nicht geringem Maß religiöschristliches Gedankengut eingeflossen ist. Jedoch gilt dies nicht für alle Beispiele, da es in nicht wenigen Fällen Übereinstimmungen mit den Berichten bei Hampe gibt.

Ein Erfahrungsbereich, der bei letzterem wiederum völlig fehlt, ist das Auftreten negativer Empfindungen im Sterben. Auch W. C. van Dam widmet dieser Seite des Todes nur einige Beispiele. So wollen manche Sterbende Dämonen und eine völlige Finsternis wahrgenommen haben. Einer berichtet, einen langen Weg nach unten gerannt zu sein und ein anderer fühlte sich an einen »Ort der Strafe« geführt (57 ff.).

Um noch mehr Licht in das Dunkel um das menschliche Sterben zu bringen, wäre es wichtig, diesbezügliche Erlebnisse aus verschiedenen Ländern, Kulturen und Religionen zu sammeln und dann zu vergleichen. Dabei wären die Zeugnisse von Nichtchristen insofern wertvoll, als sie den Vorwuf der religiösen Voreingenommenheit entkräften könnten.

4.
Visionen von der anderen Welt und Begegnungen mit Verstobenen

Zahlreiche Heilige sowie mystisch begnadete Menschen durften, wie einst der Apostel Paulus (vgl. 2 Kor 12,2), in ihren Visionen einen Blick in die jenseitige Welt tun. Auch wissen wir von Kontakten mit »Armen Seelen«, wie die noch nicht geläuterten Verstorbenen nach katholischer Tradition genannt werden. Von diesen stehen im folgenden vor allem Erlebnisse im Vordergrund, welche die Prinzessin Eugenie von der Leyen (1867–1929), ähnlich wie vor ihr Anna Maria Lindmayr (1657–1726), hatte.

Von der Nonne Anna Katharina Emmerich (1774–1824) wiederum sind zahlreiche Visionen über den Zustand der »Armen Seelen« überliefert, die der Dichter Clemens von Brentano aufgezeichnet hat. Unter anderem wird darin berichtet, daß sie während einer ihrer Schauungen auf einem Pfad über der Erde vielen Seelen begegnet ist, die von Führern begleitet wurden (van Dam 76). Wir erinnern uns an die Aussagen Sterbender, daß ihnen in der anderen Welt Engel als Führer und Lehrer beigegeben worden waren. Ähnliche Vorstellungen scheinen dem frühchristlichen Sterbegebet »Ins Paradies sollen Engel dich geleiten . . .« zu Grunde zu liegen.

Eine weitere Beobachtung der Visionärin bezieht sich auf den

Aufstieg der Seele. Sie hatte den Eindruck, daß sich die Seelen vom »Fegfeuer« aus mehr und mehr nach oben bewegen und dabei an Glanz und lichtähnlicher Ausstrahlung zunahmen (van Dam 76).

Wenn wir uns auch bewußt sein müssen, daß Visionen die überirdischen Gegebenheiten nur ungenügend wiedergeben, sind doch immer wieder Ähnlichkeiten, ja Übereinstimmungen zwischen den einzelnen Zeugnissen festzustellen. So berichtet der Inder Sadhu Sundar Singh (1889–1924) über einen Zwischenzustand oder ein Zwischenreich, der mit dem bei den Katholiken üblichen Begriff »Fegfeuer« identisch zu sein scheint.

Sundar Singh hatte, nachdem er Christ geworden war, zahlreiche Visionen über die jenseitige Welt und lieferte darüber ausführliche Schilderungen. Einmal beobachtete er die Ankunft Verstorbener im Zwischenreich, wo ihnen eine (letzte) Entscheidung abverlangt wurde. Danach sah er, wie sich die guten Menschen zu den Engeln des Lichts, die Sünder zu den bösen Geistern begaben. Alsbald stiegen die Guten in eine höhere geistige Sphäre auf, wobei die guten Geister die Funktion hatten, die bösen auf Abstand zu halten. Dies erinnert uns an die oben geschilderte Vision des heiligen Antonius. Sundar Singh meint:

»Die Seele, die noch nicht direkt weitergehen darf, wird zu der Existenzform geführt, die zu ihr paßt« (van Dam 77f.).

Ein anderer Visionär bestätigt, daß es im Jenseits Unterschiede im Maß der Glückseligkeit gibt. Dennoch führe dies nicht zur Eifersucht. Dafür bekam er folgende Erklärung:»Gott ist ein endloser Ozean von Licht, Liebe, Freude und Glück. Er füllt jedes Gefäß, das in diesen Ozean getaucht wird, bis es nichts mehr aufnehmen kann. Wenn auch die Gefäße verschieden groß sind, da jedes vollständig gefüllt wird, gibt es niemand, der sich beklagen kann« (van Dam 74f.).

Visionäre berichten ebenso wie Reanimierte auch über die Beschaffenheit der überirdischen Welt. Von Blumen, Bäumen und Früchten, von Vögeln, Springbrunnen und Flüssen ist die Rede. Anna Katharina Emmerich spricht von einer»Lichtstadt«, in der sie Gärten, Paläste und vieles andere sieht. Verbindungswege liegen im Glanz von Gold und Edelsteinen, und zwischen den Palästen erkennt sie Straßen, die mit Perlen belegt sind (van Dam 80).

Der Inder Sundar Singh spricht ergänzend von vielen Wohnungen, die dem Zustand ihrer Bewohner angepaßt sind (81). Er nimmt auch dunkle Dimensionen wahr, in denen Menschen verkehren, die wegen ihres verfehlten und schlechten Lebens die lichtvolle Nähe Gottes nicht ertragen können. Mörder und Selbstmörder suchen in ihrer Qual die Finsternis, um sich zu verbergen. Manche stürzen sich in ein »bodenloses Loch«, weil ihnen das göttliche Licht unendlichen Schmerz bereitet. Belehrend hört er jemanden sagen: »Gott wirft niemanden in die Hölle; der Mensch schafft sich selbst die Hölle« (van Dam 84f.).

Die bereits erwähnte Eugenie von der Leyen ist weder Mystikerin noch Visionärin; sie ist den Seelensichtigen zuzurechnen. Ihr Kontakt mit Abgeschiedenen fand im Wachzustand statt, wobei sie oftmals Lebende und Verstorbene gleichzeitig sah, ohne die einen von den anderen unterscheiden zu können. Erst allmählich wurde ihr bewußt, daß sie Dinge wahrnahm, die anderen Menschen verborgen waren, auf die aber interessanterweise kleine Kinder und Tiere reagierten. Zu Beginn einer Begegnung nahm sie öfters ein nebelhaftes Fluidum wahr, das sich im Laufe der Zeit immer mehr verdichtete und ihr schließlich in vielerlei Gestalt erschien.

Nicht ohne Widerstreben begriff sie ihre Aufgabe, für die Seelen, die zu ihr kamen, zu beten und zu sühnen. Auf nachhaltigen Wunsch ihres Seelenführers führte sie schließlich ein Tagebuch über ihre Erlebnisse, das nach ihrem Tod veröffentlicht wurde. Aus ihren Aufzeichnungen tritt uns eine schlichte, nüchterne Frau entgegen, frei von jeder Überspanntheit und Sensationsgier. Ein Zeichen ihrer Zurückhaltung, ja Scheu ist die Tatsache, daß sie nicht einmal ihrer nächsten Umgebung von ihren außergewöhnlichen Wahrnehmungen etwas erzählt hat.

Eugenie von der Leyen wird von den ihr erscheinenden Geistwesen immer wieder um ihre Fürbitte gebeten. Auf ihre Fragen erhält sie in den meisten Fällen kurze präzise Antworten, auch über die jenseitige Welt, oft nur in dunklen, verschlüsselten Worten.

Der Aufenthaltsort der Verstorbenen wird auf verschiedene Weise umschrieben. Die Geistwesen sprechen von einem Zwischenreich oder Zwischenzustand, von einem Ort zwischen Finsternis und Klarheit (u. a. 43,123), in der Erwartung des Lichtes und des Lebens (u. a. 164). Gebet und Fürbitte sowie die Darbringung des Meßopfers bewirken jeweils einen Aufstieg in eine höhere Sphäre, bis schließlich die Seele eine Stufe erreicht, die als »Anschauung« bezeichnet wird. Dort erfährt sie Friede, Ruhe, Liebe und Licht. Manche dieser Erscheinungen befinden sich in einem gräßlichen, ekelerregenden Zustand (u. a. 121 ff., 142 ff.). Über ihre Leiden befragt, äußern sich die meisten über ein Gefühl der Verlassenheit, der Friedlosigkeit und einer brennenden Sehnsucht nach Gott.

Aus den Aussagen läßt sich weiterhin schließen, daß im Sterben eine Gegenüberstellung mit Christus stattfindet und eine Entscheidung für ihn noch in letzter Minute zur Errettung führen kann. Nachdem der Sterbende im Lichte Gottes sein Leben beurteilt hat und danach Reue und Erkenntnis das Einschlagen eines positiven Weges ermöglicht haben, beginnt für ihn, nach einstimmiger Aussage aller »Armen Seelen«, ein Zustand passiven Erleidens.

Offenbar ist mit der Errettung noch keine Reinigung verbunden, vielmehr scheint es zu einem manchmal langen und schmerzhaften Läuterungsprozeß zu kommen. Immer wieder geht aus den Äußerungen der Geistwesen hervor, daß Gebet und Opfer der auf Erde Weilenden Linderung und Abkürzung der Leiden bewirken und den Weg zur »Anschauung« ebnen.

*

Sicherlich haben sowohl Sterbeerlebnisse als auch Visionen und Begegnungen mit »Armen Seelen« eine persönliche Prägung, die von der Umwelt, von religiösen Vorstellungen, von Wünschen und Hoffnungen beeinflußt sein mag. Dennoch haben wir keinen Grund, den Aussagen von Sterbenden, Mystikern und Seelensichtigen zu mißtrauen. Wer sich intensiv mit allen bekannt gewordenen Zeugnissen auseinandersetzt, dem wird schließlich möglich sein, das Wahre vom Falschen zu trennen und übereinstimmende Fakten als das Essentielle herauszufiltern.

Dennoch bleibt alles, was wir vom »Lichtglanz aus der Höhe«, von der jenseitigen Welt erfahren, nur ein Bild und Gleichnis, wie Paulus sagt: »Jetzt sehen wir (nur wie) in einem Spiegel im Gleichnis, dann aber von Angesicht zu Angesicht« (1 Kor 13,12). Und Augustinus schreibt am Schluß seines Buches »Über den Gottesstaat«: »Er (Gott) wird das Ziel unserer Sehnsucht sein, er, der ohne Ende geschaut wird, ohne Überdruß geliebt und ohne Ermüdung gepriesen wird ... Dort werden wir feiern und schauen, schauen und lieben, lieben und loben. Siehe, so wird es sein *am Ende ohne Ende*« (22,30,1 und 5).

Literatur zu Teil I

Archimandrit Sophronius: Starez Siluan, Mönch vom Berg Athos. Bd. 1. Sein Leben und seine Lehre (Düsseldorf 1980).

v. Balthasar, Hans Urs: Kosmische Liturgie (Freiburg 1941).

Berschin, Walter (Hg.): Os meum aperui. Die Autobiographie Ruperts von Deutz (= Koinonia Oriens XVIII, Köln 1985).

Blersch, Hartmut (Hg.): Paul Evdokimov, Christus im russischen Denken (= Sophia 12, Trier 1977).

Eliade, Mircea: Das Heilige und das Profane (Frankfurt a. M. 1984).

Frossard, André: Es gibt eine andere Welt (Freiburg–Basel–Wien 1977).

Frossard, André: Gott existiert. Ich bin ihm begegnet (Freiburg–Basel–Wien 1970).

Gamber, Klaus: Kult und Mysterium. Das Liturgieverständnis der frühen, ungeteilten Christenheit (= Studia patristica et liturgica, 11. Beiheft; Regensburg 1983).

Kaltenbrunner, Gert-Klaus (Hg.): Im Bannkreis des Heiligen. Erfahrung des Göttlichen (= Herderbücherei INITIATIVE 67, Freiburg 1986).

Landscheidt, Theodor: Wir sind Kinder des Lichts (Freiburg–Basel–Wien 1987).

v. Ivánka, Endre (Hg.), Sakramentalmystik der Ostkirche. Das Buch Vom Leben in Christus des Nikolaos Kabasilas (Klosterneuburg–München 1958).

Nigg, Walter: Buch der Büßer (Olten 1970).

Sartory, Thomas und Gertrude: Erfahrungen mit Meditation (Freiburg–Basel–Wien 1976).

Sartory, Gertrude und Thomas: Wenn Himmel und Erde sich begegnen (Freiburg–Basel–Wien 1979).

Sartory, Gertrude: Türen zwischen Himmel und Erde (Freiburg–Basel––Wien 1987).

Smoltisch, Igor: Leben und Lehre der Starzen (²Köln–Olten 1952).

Wiesenhütter, Eckart: Blick nach drüben (Gütersloh 1977).

Literatur zu Teil II

Boros, Ladislaus: Mysterium mortis. Der Mensch in der letzten Entscheidung (Olten/Freiburg i. Br. 1962, 6. Aufl. 1967).

Conrad-Martius, Hedwig: Bios und Psyche (Hamburg 1949).

Conrad-Martius, Hedwig: Die Geistseele des Menschen (München 1960).

Emmerich, Anna Katharina: Visionen (Aschaffenburg 1970).

Gamber, Klaus: Eine frühchristliche Totenmesse aus Aquileja, in: Heiliger Dienst 36 (1982) 117–124.

Gamber, Klaus: Sie gaben Zeugnis. Authentische Berichte über Märtyrer der Frühkirche (6. Beiheft zu den Studia patristica et liturgica) Regensburg 1982.

Hampe, Johann Christoph: Sterben ist doch ganz anders. Erfahrungen mit dem eigenen Tod (Stuttgart–Berlin ³1976).

Heiler, Friedrich: Die Ostkirchen (München/Basel 1971).

Joergens, W.: Der Tod als unwesensmäßige Trennung zwischen Leib und Seele bei Hedwig Conrad-Martius, in: Münchener Theol. Zeitschrift 11 (1960) 106–122.

Kaufmann, Carl Maria: Die sepulcralen Jenseitsdenkmäler der Antike und des Urchristentums. Beiträge zur Vita-beata-Vorstellung der römischen Kaiserzeit mit besonderer Berücksichtigung der christlichen Jenseitsvorstellungen (Mainz 1900).

Kirchhoff, Kilian: In paradisum. Totenhymnen der byzantinischen Kirche (Münster i. W. 1940).

Kübler-Ross, Elisabeth: Interviews mit Sterbenden (Gütersloh ⁶1977).

Lindmayr, Maria Anna: Mein Verkehr mit Armen Seelen. Tagebuch einer Carmelitin (Stein am Rhein ³1980).

Moody, Raymond: Life after Life (New York, 19. Aufl. 1977).

Moody, Reflections on Life after Life (St. Simons Island 1977).

Mühlbauer, Josef: Jenseits des Sterbens. Die Forschung und die Ewigkeit (Bonn, 6. Aufl. 1981).

Nigg, Walter: Die Hoffnung der Heiligen. Wie sie starben und uns sterben lehren (Ostfildern o. J.).

Nock, Franz Joseph: Leben und Wirken der gottseligen Mutter Maria Anna Josepha a Jesu Lindmayr (Regensburg 1882) 108–135.

Rahner, Karl: Zur Theologie des Todes (Quaestiones disputatae 2) Freiburg ²1959.

Rosenberg, Alfons: Leben nach dem Sterben (München 1974).

Schamoni, Wilhelm: Auferweckungen vom Tode. Aus Heiligsprechungsakten übersetzt (Paderborn 1968).

Stuiber, Alfred: Refrigerium interim. Die Vorstellungen vom Zwischenzustand und die frühchristliche Grabeskunst (Theophaneia 11) Bonn 1957.

Schwarz, Hans: Wir werden weiterleben. Die Botschaft von der Unsterblichkeit im Lichte moderner Grenzerfahrungen (Herderbücherei 1112).

Swihart, Philipp J.: Der Tod wirklich anders? Eine Auseinandersetzung mit den Berichten von Dr. Raymond A. Moody jr., Dr. Elisabeth Kübler-Ross und Robert A. Monroe zum »Leben nach dem Tod« (Bad Liebenzell 1979).

Symeon der Theologe: Licht vom Licht. Hymnen deutsch von Kilian Kirchhoff. München 1951.

van Dam, Willem Cornelis: Tote sterben nicht (Aschaffenburg 1980).

von der Leyen, Eugenie: Meine Gespräche mit Armen Seelen (Aschaffenburg 1979).

Wiesenhütter, Eckart: Blick nach drüben. Selbsterfahrungen im Sterben (Gütersloh 1976).

STUDIA PATRISTICA ET LITURGICA

quae edidit Institutum Liturgicum Ratisbonense

Beiheft 1
Gemeinsames Erbe. Liturgische Neubesinnung aus dem Geist der frühen Kirche. Von KLAUS GAMBER in Verbindung mit CHRISTA SCHAFFER und ABRAHAM THIERMEYER.
2. Auflage. 114 Seiten. 1981. Vergriffen.

Beiheft 2
Ein kleines Kind – der ewige Gott. Bild und Botschaft von Christi Geburt. Von KLAUS GAMBER mit Beiträgen von CHRISTA SCHAFFER und ABRAHAM THIERMEYER.
100 Seiten. 1980. Vergriffen.

Beiheft 3
Orientierung an der Orthodoxie. Die Tradition der Ostkirche als Richtschnur in Liturgie und Verkündigung. Von KLAUS GAMBER mit Beiträgen von WOLFRAM GAMBER und ABRAHAM THIERMEYER. 132 Seiten. 1981. Vergriffen.

Beiheft 4
Das Reich Gottes in uns und die Einheit der Kirche. Von KLAUS GAMBER und WOLFRAM GAMBER mit Beiträgen von CHRISTA SCHAFFER und ABRAHAM THIERMEYER.
93 Seiten. 1981. Vergriffen.

Beiheft 5 **Das Opfer der Kirche** nach dem Neuen Testament und den frühesten Zeugnissen. Von KLAUS GAMBER.
80 Seiten. 1982. Vergriffen.

Beiheft 6
Sie gaben Zeugnis. Authentische Berichte über Märtyrer der Frühkirche. von KLAUS GAMBER.
158 Seiten. 1982.

Beiheft 7 (EIKONA 1)
Gott der Herr – er ist uns erschienen. Das Weihnachtsbild der frühen Kirche und seine Ausgestaltung in Ost und West. Von CHRISTA SCHAFFER. Einführung und Bildteil von KLAUS GAMBER. 66 Seiten, 8 Farbtafeln. 1982.

Beiheft 8
Oper und Mahl. Gedanken zur Feier der Eucharistie im Geist der Kirchenväter. Von KLAUS GAMBER. 70 Seiten. 1982.

Beiheft 9
Jesus-Worte. Eine vorkanonische Logien-Sammlung im Lukas-Evangelium. Von KLAUS GAMBER. 98 Seiten. 1983.

Beiheft 10
Alter und neuer Meßritus. Der theologische Hintergrund der Liturgieform. von KLAUS GAMBER. 70 Seiten. 1983.

Beiheft 11
Kult und Mysterium. Das Liturgieverständnis der frühen, ungeteilten Christenheit. Von KLAUS GAMBER. 78 Seiten. 1983. Vergriffen.

Beiheft 12
Symeon von Thessaloniki. Über die Göttliche Mystagogie. Eine Liturgieerklärung aus spätbyzantinischer Zeit. Aus dem Griechischen übersetzt von WOLFRAM GAMBER, eingeleitet und herausgegeben von KLAUS GAMBER. 68 Seiten. 1984.

Beiheft 13
Liturgische Texte aus der Kirche Äthiopiens, herausgegeben
VON KLAUS GAMBER.
73 Seiten. 1984.

Beiheft 14
Der altgallikanische Meßritus als Abbild himmlischer Liturgie,
VON KLAUS GAMBER.
59 Seiten. 1984.

Beiheft 15 (EIKONA 2)
Aufgenommen ist Maria in den Himmel. Vom Heimgang der
Gottesmutter in Legende, Theologie und liturgischer Kunst der
Frühzeit, VON CHRISTA SCHAFFER.
61 Seiten. 8 Farbtafeln. 1985.

Beiheft 16 (EIKONA 3)
Zeige uns, o Herr, deine Barmherzigkeit. Vom byzantinischen
Prothesis-Bild zum spätmittelalterlichen Erbärmde-Christus,
VON KLAUS GAMBER.
69 Seiten. 1986.

Beiheft 17
Das Geheimnis der sieben Sterne. Zur Symbolik der Apokalypse, VON KLAUS GAMBER.
109 Seiten. 1987.

Beiheft 18
Zum Herrn hin! Fragen um Kirchenbau und Gebet nach Osten,
VON KLAUS GAMBER.
73 Seiten. 1987.

Beiheft 19 (EIKONA 4)
Maria – Ecclesia. Die Gottesmutter im theologischen Verständnis und in den Bildern der frühen Kirche, von KLAUS GAMBER und CHRISTA SCHAFFER.
72 Seiten. 8 Farbtafeln. 1987.

Beiheft 20
Kraft aus dem Ursprung für den Weg der Kirche in die Zukunft, von KLAUS GAMBER in Verbindung mit CHRISTA SCHAFFER und ABRAHAM THIERMEYER.
80 Seiten. 1988.

Beiheft 21
Die Liturgie der Goten und der Armenier. Versuch einer Darstellung und Hinführung, von KLAUS GAMBER.
97 Seiten. Zahlreiche Abbildungen. 1988.

Beiheft 22
Lichtglanz aus der Höhe. Begegnungen mit der überirdischen Welt, von KLAUS GAMBER und CHRISTA SCHAFFER.
59 Seiten. 1988.

Bestellungen beim Liturgiewissenschaftlichen Institut, 8400 Regensburg 11, Postfach 11 02 28 oder direkt beim

VERLAG FRIEDRICH PUSTET REGENSBURG